담 위로 우뚝 솟은 집

궁궐에는 누가 살았을까?

웅진주니어

담 위로 우뚝 솟은 집
궁궐에는 누가 살았을까?

초판 1쇄 발행 2014년 1월 20일
초판 6쇄 발행 2017년 8월 22일

지은이 김은하 **그린이** 에스더 **기획 및 총괄** 네사람
펴낸이 윤새봄 **연구개발실장** 장윤선 **편집인** 이화정 **책임편집** 손자영 **편집** 이유선
디자인 씨오디 Color of Dream
마케팅 신동익, 문혜원 **제작** 신홍섭

펴낸곳 (주)웅진씽크빅
주소 경기도 파주시 회동길 20 (우)10881
주문전화 02-3670-1005, 1024 **팩스** 031-949-1014
문의전화 031-956-7273(편집) 02-3670-1005(영업)
홈페이지 www.wjjunior.com **블로그** wj_junior.blog.me **페이스북** www.facebook.com/wjbook **트위터** (@wjbooks)
출판신고 1980년 3월 29일 제406-2007-00046호 **제조국** 대한민국

글 ⓒ 김은하, 2014 (저작권자와 맺은 특약에 따라 검인을 생략합니다)

웅진주니어는 (주)웅진씽크빅의 유아·아동·청소년 도서 브랜드입니다.
이 책은 저작권법에 따라 한국에서 보호받는 저작물이므로 무단전재와 무단복제를 금지하며,
이 책 내용의 전부 또는 일부를 이용하려면 반드시 저작권자와 (주)웅진씽크빅의 서면동의를 받아야 합니다.

ISBN 978-89-01-16219-5 (74910) | 978-89-01-05739-2 (세트)

이 도서의 국립중앙도서관 출판예정도서목록(CIP)은 홈페이지(http://www.nl.go.kr/cip.php)와
국가자료공동목록시스템(http://www.nl.go.kr/kolisnet)에서 이용하실 수 있습니다. (CIP제어번호:CIP2013028540)

* 잘못된 책은 구입처에서 바꾸어 드립니다.
* 책값은 뒤표지에 있습니다.
* 주의 1_책 모서리가 날카로워 다칠 수 있으니 사람을 향해 던지거나 떨어뜨리지 마십시오.
       2_보관 시 직사광선이나 습기 찬 곳은 피해 주십시오.
* 웅진주니어는 환경을 위해 콩기름 잉크를 사용합니다.

담 위로 우뚝 솟은 집

궁궐에는 누가 살았을까?

김은하 글 ● 에스더 그림

웅진주니어

 머리말

가상으로 꾸며 본 궁궐 사람들의 삶

 서울에는 조선 시대 궁궐이 다섯 곳 남아 있습니다. 경복궁, 창덕궁, 창경궁, 경희궁, 덕수궁이 그곳이지요.

지금도 사람들은 이 궁궐들을 많이 찾습니다. 역사 공부를 하러 오는 사람도 있고, 도심 속 휴식처로 찾는 사람도 보입니다. 한국의 문화가 궁금한 외국인들도 찾아오고 말이지요.

두리번두리번 궁궐을 관람하는 사람들 틈에서 종종 이런 생각이 듭니다. 이곳에 사람이 살았을 때는 어떤 모습이었을까 하고요.

지금 우리가 보는 궁궐은 많이 훼손된 것이고 본래는 건물들이 훨씬 빽빽하게 있었다고 하는데, 그 건물들마다 사람이 드나들었다면 얼마나 북적거렸을까 하는 생각도 들면서 말이지요.

이어서 상상의 나래를 펼쳐 봅니다. 수많은 신하들 앞에서 근엄하게 어명을 내리는 왕의 모습도 떠오르고, 부지런히 밥을 하고 빨래를 하는 궁녀들의 모습도 떠오릅니다.

그러다 문득 물음표와 함께 생각이 멈춥니다. 왕은 정말 무엇이든 마음대로 했을까? 세자는 왕위를 이어받기 위해 어떤 준비를 했을까? 세자를 제외한 다른 왕자들의 삶은 어땠을까? 또 늘 임금 곁을 지키고 있는 내시는 가족도 없이 궁궐에서만 살았을까?

  이 책은 이런 궁금증들을 풀어 가면서 궁궐 사람들의 이야기를 엮어 본 것입니다. 언젠가 한 번쯤은 있었을 법한 인물과 사건을 가상으로 꾸며 궁궐 사람들의 삶을 알아보는 것이지요. 그러니 역사책에서 세자 영안군을 찾거나 종친 중 무령대군을 찾아도 나오지 않는답니다.

  하지만 배경이 되는 장소는 실제 궁궐인 경복궁입니다. 경복궁은 조선이 건국되고 가장 먼저 지어진 궁궐이에요. 뒤이어 창덕궁과 창경궁을 지은 뒤에도 으뜸 궁궐로 역사의 중심에 있었지요. 경복궁은 임진왜란(1592~1598) 때 불탄 뒤 폐허로 남아 있다가 고종 때인 1865~1868년에 중건되었습니다. 조선 시대 중 절반은 경복궁에서 지낸 적이 없는 거지요. 그래도 으뜸 궁궐이라는 의미를 살려 이곳을 배경으로 삼았답니다.

  앞으로 궁궐에 가게 된다면 건물만 볼 것이 아니라 그 안에서 살았을 사람들을 함께 떠올려 보세요. 바삐 어명을 전하러 가는 박 내관을 따라간다면, 혹은 공부에 지쳐 딴청을 부리는 세자와 함께라면 한결 실감나는 궁궐 기행이 되지 않을까요?

— 궁궐 잠행 취재 작가 김은하

 차례

- 미리 알아 두면 좋은 궁궐 상식 • 8

 눈코 뜰 새 없는 왕의 하루 • 10

 국모로서 모범을 보이는 왕비의 친잠례 • 28

 혜빈 정씨의 원자 저주 사건 • 42

 세자가 할 일은 오직 공부뿐 • 58

 어떤 사람이 세자빈으로 간택되는가 • 74

 임금의 그림자로 살아가는 내시 • 88

 궁궐의 으뜸 일꾼 궁녀 • 102

 공주와 부마는 가깝고도 어려운 사이 • 118

 무령대군은 정치에 뜻이 없었나 • 132

 승정원 관리는 아무나 못 해 • 146

경복궁 배치도

- ❶ 흥례문
- ❷ 근정문
- ❸ 근정전
- ❹ 사정전
- ❺ 강녕전
- ❻ 수정전
- ❼ 경회루
- ❽ 교태전
- ❾ 흠경각
- ❿ 아미산
- ⓫ 자경전
- ⓬ 집경당
- ⓭ 향원정
- ⓮ 건청궁
- ⓯ 집옥재
- ⓰ 태원전
- ⓱ 자선당
- ⓲ 비현각
- ⓳ 경복궁관리소
- ⓴ 국립민속박물관
- ㉑ 국립고궁박물관

신무문

영추문

건춘문

광화문

동십자각

궁궐에 건물이 왜 저것밖에 없지?

일제 강점기에 다 헐려서 그렇대.

미리 알아 두면 좋은 궁궐 상식

궁궐은 왕이 나랏일을 보는 통치 공간이자 가족과 함께 생활하는 집이기도 해요. 관리들이 각종 업무를 처리하는 관청들도 함께 있고요. 궁궐에는 수많은 전각들이 빼곡히 들어서 있는데, 각각의 쓸모에 따라 크기와 위치 등이 정해졌어요.

먼저 통치 공간으로 정전과 편전이 있어요. 정전은 나라의 공식 행사를 치르는 곳이에요. 왕의 즉위식, 세자 책봉식 같은 큰 행사가 이곳에서 열렸지요. 궁궐을 상징하는 곳이기도 해서 가장 웅장하고 위엄 있게 지었어요. 경복궁의 근정전, 창덕궁의 인정전, 창경궁의 명정전이 정전입니다.

편전은 왕과 신하들이 업무를 보는 곳입니다. 지금으로 치면 집무실이 되겠네요. 사극에서 흔히 보는 어전 회의는 바로 편전에서 열립니다. 경복궁의 사정전, 창덕궁의 선정전, 창경궁의 문정전이 편전이에요.

왕이 잠을 자고 밥을 먹는 등 일상생활을 하는 곳은 침전이라고 해요. 격식에 구애받지 않고 가장 편안하게 머물 수 있는 곳이지요. 하지만 왕은 시도 때도 없이 일을 하는 경우가 많아서, 때로는 상소문을 읽거나 신하들을 불러 이야기를 나누는 등 집무실이 되기도 했어요. 경복궁의 강녕전, 창덕궁의 희정당이 그곳으로,

왕이 머무는 가장 중요한 곳이라 클 대(大) 자를 써서 대전이라고도 합니다.

　왕의 침전 뒤쪽, 가장 깊숙한 곳에는 왕비가 머무는 중궁전이 있어요. 경복궁의 교태전, 창덕궁의 대조전, 창경궁의 통명전이 중궁전입니다.

　왕은 왕비 말고도 후궁을 여럿 둘 수 있었어요. 후궁이라는 호칭은 이들이 궁궐의 깊숙한 곳, 그러니까 후궁에 머무른다고 해서 붙게 된 거예요.

　왕의 자녀들은 결혼하면 궐 밖으로 나갔지만 세자는 계속 궐에 머물렀어요. 세자가 지내는 곳은 궐에서도 동쪽에 있었기 때문에 동궁이라고 했어요. 경복궁의 자선당과 비현각, 창덕궁의 성정각이 동궁에 해당됩니다.

　궁궐의 가장 뒤쪽에는 휴식 공간인 후원이 있어요. 숲과 연못을 꾸며 놓고 산책을 즐기기도 하고, 과거 시험이나 군사 훈련 같은 행사를 치르기도 합니다.

　궁궐 안팎에는 나랏일을 처리하는 관청들이 모여 있어요. 의정부, 육조, 사헌부처럼 궁궐 밖에 있는 관청들을 궐외각사, 승정원이나 홍문관처럼 궁궐 안에 있는 관청들을 궐내각사라고 합니다. 궐외각사는 대개 경복궁 정문인 광화문 앞쪽에 있었고, 궐내각사는 정전과 편전 주변에 있었습니다.

눈코 뜰 새 없는 왕의 하루

컴컴한 어둠을 가르며 동녘 하늘이 밝아오기 시작했다. 세상 만물이 깨어나는 시간, 강녕전의 왕도 무거운 눈꺼풀을 밀어 올렸다.

"후~."

왕은 몸을 일으키며 깊은 한숨을 토해 냈다. 몸이 유난히 찌뿌드드하고 머리가 무거웠기 때문이다. 늘 격무에 시달리다 보니 몸의 여기저기 안 아픈 곳이 없었지만 요사이 특히 심해진 것 같았다. 게다가 지난가을 온천에 다녀온 뒤 나아지는 듯싶던 종기도 다시 돋기 시작했다.

왕은 고개를 이리저리 돌려보았다. 언제나처럼 방 안에는 자신이 사용

● **자릿조반** : 아침에 잠에서 깨어나는 대로 그 자리에서 먹는 죽이나 미음 따위의 간단한 식사.

한 침구 말고는 아무것도 없었다. 왕이 잠자는 방에는 아무런 가구도 들여놓지 않는 것이 원칙이다. 혹시 왕을 해치려는 자가 숨거나 흉기로 사용할 수 있기 때문이다. 필요한 것은 내시와 궁녀들이 그때그때 대령하니 생활에 불편함은 없었다.

"으음, 숨 가쁜 하루가 또 시작되는구나. 온천에라도 좀 다녀오면 좋으련만……."

왕은 기운을 내서 세수를 한 뒤 옷을 갖추어 입었다.

자릿조반*으로는 쌀과 우유를 섞어 쑨 타락죽이 나왔다. 입맛은 별로 없었지만 평소 좋아하던 음식이라 그나마 그릇을 비울 수 있었다.

활기찬 아침 체조

왕이 하루를 시작하며 가장 먼저 하는 일은 웃어른들께 문안 인사를 여쭙는 것이다. 자고로 왕이란 만백성에게 모범을 보여야 하는 존재이니, 효를 누구보다 앞장서 실천함은 당연한 일이었다. 지금 왕실의 어른으로는 왕의 어머니인 대비가 계신다.

문안을 마친 왕은 조회가 열리는 편전으로 향했다. 조회란 관원들이 임금을 뵙고 문안을 드리는 모임이다. 오늘처럼 주요 관서의 관리들이 편전으로 찾아와 왕을 배알하는 상참은 거의 매일 열렸고, 매월 5, 11, 21, 25일에는 조정의 모든 관리가 정전 정문에서 만나는 조참이 열렸다. 가장 규모가 큰 조회는 매달 1일과 16일, 입춘과 동지에 갖는 조하로, 정전 뜰에 종친과 문무백관이 모두 모여 왕에게 절을 올리고 "천세●!" "천세!" "천천세!"를 외쳤다.

"어이쿠!"

편전인 사정전에 도착해 가마에서 내리던 왕이 갑자기 기우뚱했다. 발을 헛디딘 것이다. 내관들이 민첩하게 왕을 부축했다.

자세를 바로 한 왕은 제일 먼저 사관●부터 쳐다보았다. 아니나 다를까, 사관이 방금 벌어진 일을 적고 있었다.

"뭐 그런 시시콜콜한 일까지 다 적고 그러느냐. 그런 건 좀 빼도록 하여라."

그러자 사관은 그 말까지 다 받아 적었다. 왕은 기가 막혔지만 더 말을

● **천세**: 천세는 천년의 세월을 누리라는 뜻으로, 나라와 왕실이 오래 이어지기를 비는 말이다. 중국 황제에게는 만세라는 말을 썼고, 조선에서는 이보다 낮은 천세라는 말을 썼다.

● **사관**: 역사 기록을 남기는 데 필요한 초고를 쓰던 관원. 왕의 일거수일투족을 낱낱이 기록했다.

> **경연**
>
> 왕이 학문이 뛰어난 신하들과 함께 공부를 하며 국가 정책을 토론하는 자리이다. 해 뜨는 시간에 하는 조강, 정오에 하는 주강, 오후 늦게 하는 석강 등 하루 세 번 열리는 것이 원칙이었다. 이 외에도 임시로 여는 소대, 늦은 밤에 열리는 야대 등이 있었다. 하지만 원칙대로 하루 세 번 경연을 하는 경우는 드물었고, 대개는 하루에 한 번 정도 열렸다.

해 봤자 또 받아 적을 게 뻔해 헛기침만 두어 번 하다 사정전 안으로 들어섰다.

왕이 용상에 앉으니 문밖에 도열해 있던 신하들이 들어와 구령에 맞춰 4배를 올렸다. 알현이 끝난 뒤에는 부서별로 업무를 보고하는 시간이 이어졌다. 예조에서는 곧 있을 왕비의 친잠례●에 관한 일을 보고했고, 한성부에서는 3년마다 실시하는 호적 정리를 마무리했노라고 보고했다.

조회가 끝나자 경연관들이 들어왔다. 아침 공부를 위해서였다. 왕은 나랏일을 보는 틈틈이, 아니 일부러 시간을 내서라도 공부를 해야 했다. 유교를 근본으로 삼은 조선에서는 높은 학자이자 성인을 이상적인 국왕으로 생각했기 때문이다. 양반 사대부 역시 학문에 힘써 높은 학식과 유교적 소양을 갖추어야 했지만, 왕에게는 더욱 엄격한 기준이 적용되었다. 왕은 학문으로는 신하들을 앞서고 행동 하나하나에서

사정전
경복궁의 편전으로 왕이 평소 업무를 보던 곳이다.

● **친잠례** : 왕비가 친히 양잠의 본을 보여 비단 생산에 힘썼던 궁중 의례.

는 백성들의 모범이 되어야 했다.

경연에서 사용하는 교재는 다양했다. 사서삼경 같은 경전도 보았고 역사책을 공부하기도 했다. 특히 성리학 이념이 담긴 책을 중시했는데, 그 중에서도 경연에서 가장 많이 보는 책은 《대학연의》일 것이다. 《대학연의》는 사서 중 하나인 《대학》의 뜻을 풀이한 책으로, 역대 왕들의 사례를 들어 가면서 왕이 마땅히 알아야 할 이치와 해야 할 일들을 제시해 놓은 책이다.

왕은 조강을 마친 뒤 아침수라를 들기 위해 강녕전으로 갔다. 왕의 수라상 옆에서는 상궁 셋이 시중을 들었다. 왕이 자리에 앉자 먼저 김 상궁이 수저를 냉수 대접에 헹군 뒤 행주에 닦아서 바쳤다.

최 상궁은 조그만 그릇에 밥과 반찬을 조금씩 덜어 먼저 맛을 보았다. 이것을 '기미 본다'고 하는데, 혹시 음식에 독이 들어 있는지 미리 확인하는 것이다. 일의 성격상 기미 상궁은 왕의 신임을 받는 최측근이 맡게 마련이다. 지금 기미를 보는 최 상궁은 왕을 어릴 적부터 보살펴 온 상궁이다.

김 상궁은 식기 뚜껑을 일일이 열어 주었고, 이 상궁은 풍로에

강녕전
경복궁의 침전으로 왕이 잠을 자거나 수라를 들던 곳이다.

전골을 올려놓고 왕이 먹기 좋게 끓여 드렸다.

왕이 수저를 들고 식사를 시작하자 세 상궁은 나란히 꿇어 엎드린 채 기다렸다. 왕이 입맛이 없어 뜨는 둥 마는 둥 수라상을 물리자 상궁들이 걱정스럽게 아뢰었다.

"전하, 옥체가 상하실까 염려되옵니다. 의원을 부르오리까?"

"봄이라 입맛이 없는 것뿐이니 번거롭게 그럴 것 없다. 과인은 이만 편전에 나가 보겠노라."

왕은 다시 업무를 보러 사정전으로 갔다. 승지와 세 정승, 이조 판서, 예조 참판 등이 일찍 도착했는지 문밖에서 기다리다 왕을 뒤따라 들어왔다. 왕은 최근 가장 신경 쓰이는 날씨 이야기를 먼저 꺼냈다.

"요즘 가뭄이 심해 걱정이 많구려. 어제도 박 내관을 경농재에 가 보게 했더니 땅이 말라서 갈라졌다고 하오."

"삼남 지방에 한 달 가까이 비가 내리지 않았다는 소식에 소신들도 걱정이 크옵니다."

왕과 신하들 모두 심각한 표정으로 가뭄을 걱정했다.

"행여나 올해 농사를 다 망치지는 않을지 걱정이 태산인데, 이게 모두

과인이 부족한 탓 같소이다."

"망극하옵니다, 전하."

"기우제라도 지내야 하는 것 아니오?"

"본디 우리나라는 봄철에 비가 오지 않는 일이 많사옵니다. 봄 가뭄은 늘 있는 일이니 조금 더 기다려 보심이 옳을 듯하옵니다."

"이판의 말이 옳은 줄 아뢰옵니다. 그 일은 조금 더 기다려 보시고 결정해도 좋을 듯하옵니다."

왕은 이조 판서와 좌의정의 말에 고개를 끄덕거렸지만, 이러다 큰 가뭄이 들지는 않을지 불안한 마음은 여전했다.

"얼마 전 자리가 빈 대제학에 조강우를 임명하려 하는데 어떠하오?"

"참으로 현명하신 결정이시옵니다."

경농재와 친경례

경복궁 후원에는 농사를 경사스럽게 여긴다는 뜻의 경농재가 있었는데, 논을 만들어 놓고 농사 상황을 살피던 곳이다. 왕이 늘 백성들의 생활에 신경 쓰고 있음을 보여 주는 곳이었다. 왕은 백성들이 농사에 힘쓰도록 먼저 모범을 보이는 의미에서 농사가 시작되는 음력 2월에 선농단에서 제사를 올린 뒤 몸소 쟁기를 잡고 밭을 갈아 보이는 친경례를 치렀다.

선농단
서울 동대문구 제기동에 있다.

"조강우는 학문이 뛰어나고 인품 또한 너그러워 이 나라의 학문을 이끌기에 충분한 인물이라 생각되옵니다."

자신의 결정에 신하들이 모두 찬성하자 왕은 마음이 흡족했다.

"그런데 말이오……."

왕이 머뭇거리며 조심스럽게 말을 꺼냈다.

"과인이 요즘 늘 피로하고 눈이 침침해 몹시 불편하구려. 잠시 온양 행궁에 다녀올까 하오만?"

신하들은 멈칫거리며 잠시 말이 없었다.

"물론 가뭄으로 근심이 많은 이때 다녀오겠다는 것은 아니오. 날씨를 보아 가며 결정하리다."

왕이 은근슬쩍 한 발 물러섰는데도 신하들은 조금도 수긍할 눈치가 아니었다.

"온양 행궁에는 지난가을 다녀오시지 않았습니까. 불과 수개월 만에 다시 거둥*을 하신다니요."

"국왕의 거둥이 잦으면 백성들에게 큰 부담이 되옵니다. 그건 아니 될 일입니다."

우의정과 예조 참판의 말을 시작

● **거둥** : 임금의 행차를 일컫는 말로, 몸을 움직인다는 뜻으로 쓰이는 거동과는 다른 말이다.

으로 신하들이 모두 반대하고 나섰다.

왕이라고 신하들이 말한 바를 이해 못하는 것은 아니었다. 왕이 한 번 행차하려면 호위병이며 수행하는 관리들까지 보통 5,000명 안팎이 동원된다. 최대한 규모를 줄인다 해도 큰 부담이 되기는 마찬가지였다. 하지만 내심 섭섭한 생각이 드는 것도 사실이었다.

"허, 그대들은 어찌 그리 내 건강에 무심하시오? 의원을 부르라는 둥 말로는 위하는 척하면서 말이오. 종기의 으뜸 원인은 화라던데, 이렇게 내 사정을 몰라주고 마음대로 치료도 받을 수 없으니 병이 더욱 커지는 것 같구려."

"망극하옵니다!"

왕이 섭섭해 투덜대자 신하들이 일제히 머리를 조아리며 외쳤다.

오전 업무를 마친 왕은 낮것을 먹은 뒤 잠시 휴식을 취했고, 몸이 불편하다며 주강을 취소했다. 온천행을 반대한 신하들에게 시위하기 위한 것도 있었고, 이미 조강을 했으니 주강을 건너뛰어도 큰 문제는 아닐 터였다.

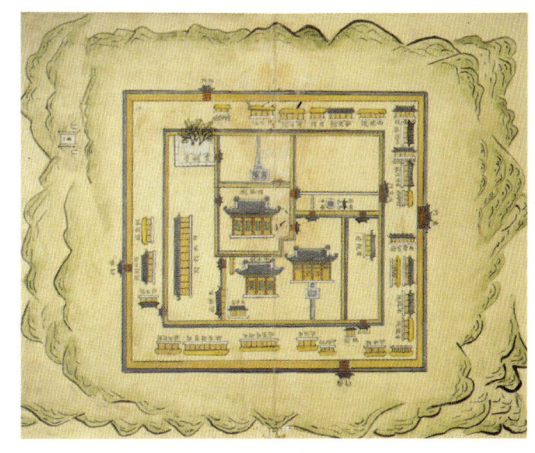

온양별궁전도
조선 시대 임금들은 병을 치료하고, 건강을 지키려고 온천을 자주 찾았다. 그 가운데 가장 이름난 곳이 충남 온양 온천이었는데, 이곳엔 왕들이 잠깐 머물던 행궁이 있었다. 《영괴대기(靈槐臺記)》라는 책 속에 나오는 '온양별궁전도'에는 그때의 모습이 자세히 그려져 있다.

주강을 취소했다고 해서 그 시간을 빈둥거릴 수 있는 것은 물론 아니었다. 왕은 편전에 나가 상소문들을 검토하기 시작했다.

경향 각지의 벼슬아치며 유생들은 국가 정책에 건의할 일이 있거나 왕에게 아뢸 말씀이 있으면 상소문을 써서 올리곤 했다. 관리들이 벼슬에서 물러나고자 할 때에도 상소를 올려 뜻을 전했다. 상소는 왕이 정사를 보는 데 빠트릴 수 없는 요소였고, 궐 안에만 있는 왕이 여론을 확인할 수 있는 통로이기도 했다.

상소문 중에는 예조 판서로 임명된 정준이 사간원에서 반대를 하니 차마 벼슬에 나아갈 수 없다며 올린 것도 있었다. 왕은 정준의 상소문에 대한 답을 승지에게 받아 적게 했다.

"경은 별로 잘못이 없다. 일시적인 말에 마음을 두지 말고 속히 나와 직무를 수행하라."

왕은 상소문을 읽어 가며 어떤 것은 그 자리에서 답을 내리고, 어떤 것은 해당 부서에 다시 내려 보내 실무자에게 처리하도록 지시했다.

상소문을 미처 다 처리하지도 못했는데 시간은 어느새 신시(오후 3~5시)가 되어 병조의 낭관이 밀봉한 문서를 가져왔다. 오늘 쓰일 군호를 보고하고 허락받기 위해서였다.

군호란 통행이 금지된 밤 시간에 궁궐을 지키는 군사들이 사용하는 암호이다. 군호는 병조 참의가 날마다 새로 정한 뒤 직접 써서 왕에게 보고

하고 허락을 받았다. 왕에게 올라오는 모든 보고는 승정원을 거치게 되어 있지만 군호는 왕의 신변에 관계된 일급비밀이라 병조에서 직접 보고했다. 궁궐 내의 야간 숙직자가 누구인지 그날그날 보고받는 것도 같은 이유였다.

> ### 육조의 참의와 낭관
> 나랏일을 분야별로 나누어 맡은 이조·호조·예조·형조·병조·공조를 통틀어 육조라 한다. 장관에 해당하는 각 관아의 으뜸 벼슬은 판서, 차관에 해당하는 벼슬은 참판이다. 참의는 판서를 보좌하던 정3품의 벼슬이고, 낭관은 정랑과 좌랑을 함께 일컫는 말로 6조에서 실무를 책임지던 관리이다.

봉투를 열어 본 왕이 눈살을 찌푸렸다.

"이 군호를 병조 참의가 직접 쓴 것이 맞느냐? 필체가 다르지 않느냐! 과인이 병조 참의의 필체를 알고 있느니라."

승지가 곧 병조에 확인해 보니 병조 참의가 다른 사람을 시켜 군호를 썼다는 것이 밝혀졌다.

"과인의 안위에 관계된 일을 이토록 무성의하게 처리하다니! 과인을 걱정해 주는 사람이 이 조정에 있기는 한 것인가?"

왕은 전에 없이 화를 내며 병조 참의를 당장 파직시키라는 어명을 내렸다.

한바탕 소동을 치르고 나니 어느새 저녁수라 시간이 되었다. 왕은 수라를 든 뒤 대비에게 문안을 드리러 갔다.

문안을 마치고 나오는데 박 내관이 왕에게 물었다.

"오늘은 어느 침소로 드시겠나이까?"

"강녕전으로 가서 상소문을 좀 더 읽어 봐야겠구나."

왕은 꽤 늦은 시간까지 상소문들을 검토한 뒤 아침에 공부하던 《대학연의》를 펼쳐 읽었다. 왕은 책을 읽다가 한동안 생각에 잠겨 있더니 문 앞에 대기 중인 내관을 불렀다.

"홍문관에 가서 김 교리를 들라 하라."

잠시 후 김 교리가 승정원에서 당직 중이던 승지와 함께 나타났다. 물론 사관도 함께였다.

왕은 책을 읽다 의심났던 부분을 김 교리에게 들려주며 의견을 물었고, 김 교리는 자신의 생각을 소신 있게 밝혀 왕을 흡족하게 했다.

'과연 크게 쓸 재목이로고.'

왕은 밤늦게 고생했다며 김 교리와 승지에게 주안상을 내려 주었다.

왕은 다시 책을 펼쳐 놓고 읽기와 생각을 되풀이하다가 자시(밤 11~1시)가 되어서야 잠자리에 들었다.

Q&A 역사 속 왕을 만나다

역사 속 인물을 모시고 궁궐 이야기를 들어 보는 자리를 마련했습니다. 우리 역사상 가장 존경받는 인물이자 최고의 성군으로 꼽히는 세종대왕을 만나 볼까요.

🖊 **가장 위대한 왕으로 존경받는 분을 만나 뵙게 되어 영광입니다.**

그렇게 인정해 준다니 기쁘구나.

🖊 **인기가 많다니까 좋으신가요?**

단순히 인기의 문제가 아니니라. 통치자는 늘 후대의 평가에 민감할 수밖에 없는 법! 내가 제대로 왕 역할을 했는지, 백성들을 자애롭게 보듬었는지 알고 싶은 것이지. 사람들이 내 앞에서는 싫은 소리를 못하겠지만, 후대에는 냉정하게 평가할 것 아닌가. 우리가 철저하게 실록을 남긴 이유도 그 때문이고. 그리고 기왕이면 역사에 훌륭한 왕으로 이름을 남겨야 하지 않겠는가!

🖊 **셋째 아들이니 원래 왕위 계승권자가 아니셨고, 뒤늦게 세자로 책봉되셨으니 제왕 수업을 제대로 못하셨을 것 같아요.**

양녕 형님이 워낙 아바마마와 조정 신료들에게 신임을 잃으셨기 때문이었네. 갑자기 세자로 책봉되어 정신이 없었는데, 아바마마께서 두 달 만에 양위(임금의 자리를 물려줌)하시는 바람에 즉위 초에는 정말 고생했다네. 무엇이든 아바마마께 여쭈면서 배워 나갔지.

🖊 **무척 힘드셨을 것 같아요.**

아바마마가 좀 엄한 분인가! 즉위를 하긴 했는데 한동안 왕 자격시험을 치르는 기분이었다네. 나 자신을 최대한 낮추고, 현명한 왕이 되기 위해 정말 열심히 공부했지.

🖊 **원래 공부를 많이 하지 않으셨나요?**

어릴 적부터 워낙 책을 좋아했고 공부를 열심히 하긴 했지. 제왕 수업을 거의 못 했는데도 그럭저럭 왕 노릇을 할 수 있었던 건 다 그 덕분일 것이야.

🎤 그럭저럭이 아니라 아주 훌륭히 해내셨어요.

허허, 그런가? 내 치세에 학문과 과학이 꽃피웠다고 칭찬들을 하던데, 그게 어찌 나 혼자 한 일이겠나? 다 뛰어난 신하들이 함께해 준 덕분이지.

🎤 그러고 보니 멋대로 업무를 처리하신 게 아니라 늘 신하들과 의논하시는 것 같더군요.

왕과 신하들이 적당히 맞서는 것은 좋지만, 그 긴장이 너무 심하거나 균형이 깨지면 부작용이 생기지 않겠느냐. 자고로 나라가 잘 되려면 왕과 신하가 뜻을 잘 맞춰야 하는 법이니라.

자격루
자격루는 스스로 치는 시계라는 뜻으로, 세종 16년(1434) 장영실이 세종의 명으로 만들었다. 그때까지 사용하던 물시계는 사람이 일일이 지켜보며 시간을 확인해야 했는데, 이것을 획기적으로 발전시켜 시간이 되면 자동으로 인형이 나와 종·북·징을 치게 만든 것이다. 세종은 경복궁에 표준 시간을 알리는 집이라는 뜻의 보루각을 지어 자격루를 설치하고 나라의 표준 시계로 삼았다.

궁궐 백과

🟢 누가 왕을 임명할까?

왕의 즉위식
경복궁에서 세종대왕 즉위식을 재현하고 있다.

새로운 왕을 임명하는 일은 왕실의 최고 어른인 대비 또는 대왕대비의 권한이다. 왕이 승하하면 대비가 옥새를 보관했다가 세자에게 전해 주며 왕으로 임명한다는 명령서를 내렸다. 대개는 왕위 계승자가 정해져 있으므로 형식만 갖추는 것이었지만, 왕이 후계자를 정하지 않고 승하했을 때는 대비 또는 대왕대비가 새 왕을 지명하는 막중한 권한을 가졌다. 한 예로 예종이 승하했을 때 대왕대비였던 세조비 정희 왕후는 예종의 아들 제안대군이 아닌 자산군(성종)을 왕위 계승자로 지명했다.

🟢 온갖 병에 시달린 왕들

왕은 엄청난 격무에 시달리다 보니 대체로 건강이 좋지 않았다. 최고의 음식을 먹고, 실력이 출중한 의원들의 보살핌을 받았지만 무병장수를 누린 경우가 드물었다. 조선 시대 왕들의 평균 수명은 47세밖에 되지 않았다. 만병의 근원인 과로와 스트레스가 문제였고 두통, 이질, 풍병, 종기, 눈병, 당뇨, 수전증 등 병의 종류도 다양했다. 가장 골칫거리는 종기로, 효종은 종기를 치료하다 출혈이 멈추지 않아 숨을 거두었을 정도이다. 정조 역시 종기를 치료하다 목숨을 잃었다.

왕의 식사는 하루 다섯 번

왕은 이른 아침에 죽 종류로 간단히 자릿조반을 들고, 오전 10시쯤 아침수라를 들었다. 수라상은 흰밥과 붉은팥물밥의 두 가지 밥에 국과 김치, 장과 찌개, 찜과 전골 외에 12가지가 넘는 반찬으로 구성된 12첩 반상이다. 점심은 낮것이라고 해서 국수, 만두 등으로 간단히 들었다. 말 그대로 마음에 점을 찍는 정도였다. 오후 6시 즈음 12첩 반상으로 저녁수라를 들었고, 밤에는 면이나 약식 등의 다과상으로 야참을 먹었다.

수라상 재현
조선 시대의 임금들은 이런 수라를 아침 10시와 저녁 6시쯤 두 차례에 걸쳐 먹었다.

왕에게만 쓰던 높임말

매화틀
왕이 사용한 이동식 변기.

왕이 식사하는 것을 수라 젓수신다고 했는데, 이처럼 왕에게는 보통 사람에게 쓰지 않는 용어를 따로 사용했다. 왕을 가리키는 말에는 '용'이 많이 들어갔는데 왕이 입는 옷을 용포, 앉는 자리를 용상이라 했고, 얼굴은 용안, 눈물은 용루라고 했다. 또한 왕의 몸을 옥체, 음성을 옥음이라고 해서 '옥'에 빗대기도 했다. 대변은 매화라 했고, 왕이 사용하던 이동식 변기는 매화틀이라고 했다.

국모로서 모범을 보이는 왕비의 친잠례

구중궁궐 깊은 곳 중궁전에도 봄은 어김없이 찾아왔다. 풀과 나무에 신록이 돌고 먼 산에도 푸른빛이 도는 봄날, 살랑살랑 부드러운 봄바람이 부는 교태전에 모처럼 웃음꽃이 활짝 피어났다.

중전의 어린 조카 학수가 제 어머니인 숙부인 권씨와 함께 놀러 온 것이다. 학수는 중전의 막냇동생이 뒤늦게 얻은 아들로 중전이 각별히 예뻐해서 종종 문안 인사차 찾아오곤 했다.

"내가 처음 궁에 들어왔을 때 너희 부친도 종종 놀러 왔었지. 선왕께서 퍽 예뻐해 주셨단다."

"아버님께서도 그 이야기를 자주 하셨습니다."

교태전
경복궁의 내전이며 왕비가 거처하던 침전. 중궁 또는 중전으로 부르기도 했다.

학수가 초롱초롱한 눈빛으로 대답했다.

학수는 요즘 힘써 공부하고 있는 내용을 중전 앞에서 읊어 보기도 하고, 할아버지를 따라 동소문 밖으로 봄꽃 구경을 다녀온 이야기도 하면서 중전을 즐겁게 해 주었다.

"이제 그만 돌아가야 할 것 같습니다."

신시가 되자 숙부인이 돌아갈 뜻을 비쳤다.

"예서 하루 묵고 갔으면 좋으련만……."

중전이 차마 붙잡지는 못하고 아쉬워하자 학수가 의젓하게 아뢰었다.

"열 살 넘은 사내아이는 궁궐에서 묵을 수 없는 걸로 알고 있습니다."

중전은 못내 아쉬운 마음으로 조카를 돌려보낸 뒤 교태전 뒤뜰로 산책을 나갔다.

봄꽃들이 아미산을 화사하게 뒤덮었고, 그 꽃을 찾아 예서제서 나비들이 날아들었다.

"오늘따라 저 담장이 왜 이리 높아 보이는 걸까?"

중전이 아미산 너머 뒷담을 올려다보며 무심히 중얼거렸다.

30년 가까이 지켜온 자리지만 중전은 자신의 자리가 늘 어렵게만 느껴졌다. 남들이 보기에는 세상의 부귀영화를 다 누리는 것처럼 보일지 모르지만, 그보다는 책임과 의무가 훨씬 더 큰 자리였던 것이다. 한 나라의 국모로서 위신과 체통을 지켜야 했고, 한 남자의 아내이기보다는 공인으로서의 의무가 컸다.

> **내명부와 외명부**
>
> 명부란 국가로부터 작위를 받은 여인들을 말하며, 궐 안에서 생활하는 내명부와 궐 밖에 사는 외명부로 나뉜다. 내명부의 정1품 빈에서 종4품 승휘까지는 왕이나 세자의 후궁이며, 5품 이하는 궁녀들의 품계이다. 외명부의 정1품은 왕의 유모와 왕비의 어머니이고, 종친과 관리의 부인들은 남편 지위에 따라 품계를 받는다. 공주와 옹주는 궐 밖으로 시집을 가므로 외명부에 속한다.

중전은 백성들에게 모범이 되도록 효를 실천하는 데 성심을 다해야 했다. 이것은 왕 역시 중요하게 여기는 덕목이었고, 사람으로서 당연히 지켜야 하는 일이니 성심껏 대비마마를 모시면 되는 일이었다.

또한 중전에게는 내명부와 외명부를 통솔할 책임이 있었다. 궐내에 있는 모든 여인들을 관리 감독하며 법도에 어긋나는 일이 없도록 단속해야 하는 것이다. 원칙대로 하면 후궁 역시 중전의 관리 아래 있었지만, 후궁 문제가 중전 뜻대로 될 리 없었다. 자칫 후궁을 엄하게 대했다가는 투기한다는 소리를 들어야 했고, 때로는 왕의 총애를 받는 후궁이 방자하게 구는 모습을 지켜봐야 하는 수모를 당하기도 했다.

지난 일이지만 혜빈 정씨의 경우에는 그 정도가 매우 심했는데, 중전은 지금도 그때 일만 생각하면 식은땀이 났다. 사실 혜빈 문제는 단순히 왕비와 후궁 간의 사랑싸움이라기보다는 서로 맞선 정치 세력 간의 이해관계가 얽힌 일이었고, 중전은 그 와중에 자칫 나락으로 떨어질 뻔했던 것이다.

중전으로서 무엇보다 위태로운 것은 정치적 소용돌이에 휘말리는 것이었고, 여차하면 국모 자리에서 쫓겨나거나 심한 경우 목숨을 잃을 수도 있었다.

세자빈으로 간택되었을 때 부모님께서 깊이 근심하시더니, 날이 갈수록 그 심정이 이해되었다. 중전은 가끔씩 일반 사대부가로 시집갔더라면 하는 생각이 들곤 했다.

"중전마마!"

깊이 생각에 빠져 있던 중전은 오 상궁이 부르는 소리에 퍼뜩 정신이

들었다. 오 상궁의 표정을 보니 한참 전부터 그 자리에 서 있었던 모양이었다.

오 상궁은 중전이 세자빈으로 간택되어 입궐할 때 친정에서 함께 들어온 본방나인 출신으로 기미상궁을 맡고 있다. 어릴 적부터 자신을 돌봐 주다가 함께 입궐해 늘 곁을 지켜 준 오 상궁은 힘겨운 궁궐 생활에 큰 의지가 되어 준 친구 같은 존재였다.

> **본방나인**
> 왕비나 세자빈이 궁으로 들어올 때 데리고 오는 개인 몸종. 본방은 왕비나 세자빈의 친정을 말한다. 나이가 차면 본방상궁으로 승진하며 다른 일은 맡지 않고 오로지 주인을 섬기는 일만 한다.

"저녁수라 시간이옵니다. 안으로 드시지요."

안으로 들어가니 임 상궁이 이조 판서댁에서 전갈이 왔다고 아뢰었다.

"정부인•께서 편찮아 친잠례 참석이 어렵다고 하옵니다."

"안 그래도 쓰러지셨다는 소식을 듣고 걱정하던 차였노라. 심려치 말고 몸조리에 힘쓰시라고 전하여라."

친잠례는 왕비가 친히 뽕잎을 따서 누에에게 먹이며 백성들에게 누에치기의 중요성을 알리는 의식이다. 왕이 직접 땅을 갈며 농사의 중요성을 강조하는 친경례와 같은 맥락의 행사로, 백성들에게 솔선하여 모범을 보인다는 의미가 컸다.

친잠례 날짜는 뽕나무에 잎이 나는 것을 보아 정하였는데, 백성들이 본격적으로 누에치기를 시작하기 전에 거행하는 게 관례였다. 올해는 뽕잎이 늦게 돋아 예년보다 늦은 3월 하순으로 결정되었다.

● **정부인** : 조선 시대에 정2품·종2품 문무관의 아내에게 주는 봉작.

저녁수라를 마치고 나자 세자가 문안 인사를 왔다.

'어릴 때는 영빈을 빼쏜 것 같더니, 커 갈수록 주상 전하의 모습을 닮아 가는구나.'

성큼성큼 걸어 들어오는 세자를 보며 중전이 속으로 중얼거렸다.

세자는 중전의 친아들이 아니라 후궁인 영빈 소생이었다. 원래는 왕과 중전 사이에 태어난 대군이 있었는데, 어릴 때 그만 원인도 모른 채 죽고 말았다. 그 후 왕비가 회임을 하지 못하자 왕실에서는 후사를 위해 후궁을 들였고, 다행히 왕자가 태어나 건강히 자라 주었다.

"어마마마, 저녁수라는 잘 젓수셨습니까?"

세자는 친어머니가 누구이든 간에 국모인 중전을 어머니로 모셔야 했다. 훗날 세자가 왕이 될 때 대비로서 왕실의 어른이 되는 사람도 중전이었고, 왕과 함께 종묘에 신위가 모셔지는 사람도 중전이었다.

"그래, 나는 늘 평안하구나. 곧 입학례라지?"

"예. 다음 달 스무닷샛날이라 하옵니다."

"그래, 세자도 주상처럼 성군이 되려면 더욱 공부에 힘써야 할 것이니라. 그나저나 영빈 처소에는 자주 문안을 드리느냐?"

왕비의 물음에 세자는 난처한 표정으로 우물쭈물했다.

"지금 내 눈치를 보는 것이냐?"

중전이 놀리듯 묻자, 세자는 더욱 난감한 표정이 되었다.

"세자는 왕통을 잇는다는 점에서는 주상과 나의 아들이니라. 이것은 지엄한 국법이고 왕실의 법도이기도 해. 하지만 낳아 준 어미의 은혜 또한 큰 것 아닌가! 영빈 품성으로 보아 자신은 괜찮으니 나를 지극히 섬기라 했겠지만, 어미로서 마음이 어디 그렇더냐. 영빈이 외롭지 않도록 잘 살피도록 하여라."

"예. 소자 무슨 뜻인지 잘 알겠사옵니다. 도리에 어긋나지 않도록 힘쓰겠나이다."

세자는 덤덤하게 대답했지만 내심 기뻐하는 기색이 역력했다.

따스하게 봄 햇살이 내려쪼이던 날 왕비가 친잠례를 위해 교태전을 나섰다. 황색 국의에 가체를 올린 차림이었다. 친잠례는 노동의 신성함을 알리는 행사이지만 왕실의 공식 행사이기도 하므로 예복 차림으로 나서는 것이다.

내명부와 외명부의 여성들이 왕비를 뒤따랐고, 궁녀들은 누에치기에 필요한 광주리와 갈고리를 들고 있었다.

왕비는 궁궐 후원에 마련된 현장에 도착하자 먼저 선잠에게 제를 올렸다. 선잠단은 궁궐 밖에 있기 때문에 왕비는 그곳까지 가지 않고 친잠례 장소에 따로 단을 마련해서 제를 올렸다. 선잠단에서는 관리들이 따로 선잠제를 지냈다.

제사를 마친 후 왕비는 일상복으로 갈아입고 채상단에 올라가 뽕나무 다섯 가지에서 잎을 땄다. 왕비가 내려오자 이번에는 수행한 부인들이 올라가 품계에 따라 뽕잎을 땄다. 1품 이상 부인들은 일곱 가지에서, 2, 3품의 부인들은 아홉 가지에서 잎을 따는 것이다. 왕실 의례는 무척 엄격하고 절차가 복잡했는데, 친잠례에서 뽕잎을 따는 가지 수도 신분에 따라 달랐다.

영빈을 비롯한 수행 부인들이 누에가 있는 곳으로 뽕잎을 가져가자 잠모가 잘게 썰어서 누에에게 뿌려 주었다. 누에가 먹성 좋게 뽕잎을 먹어 치우는 모습을 모두가 기쁜 마음으로 바라보았다.

'이 자리에 세자빈이 있었더라면 금상첨화였을 것을! 하지만 세자 혼례는 빨라야 내년일 테지……'

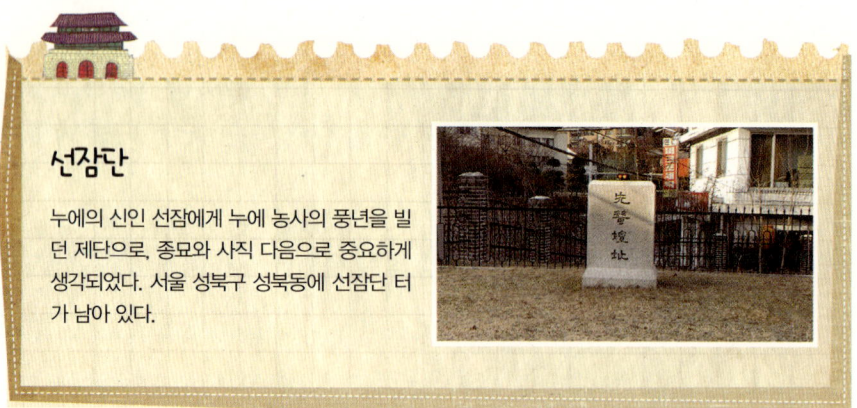

선잠단

누에의 신인 선잠에게 누에 농사의 풍년을 빌던 제단으로, 종묘와 사직 다음으로 중요하게 생각되었다. 서울 성북구 성북동에 선잠단 터가 남아 있다.

왕비는 아쉬운 마음으로 내외명부 부인들을 지켜보았다.

누에가 뽕잎을 다 먹고 나자 친잠례는 끝이 났고, 왕은 수고한 왕비를 위해 잔치를 열어 주었다.

"과인과 중전이 친경례와 친잠례를 거행하는 것은 백성들이 힘써 본업에 전념케 하기 위해서이다. 이 지극한 뜻을 백성들이 받아들여 밭 갈고 길쌈하는 데 힘을 쏟아 배불리 먹고 따뜻이 입는다면 참으로 거룩한 일 아니겠는가!"

왕은 친잠례의 의미를 다시 한 번 되새기며 백성들의 살림이 부유해지기를 빌었다.

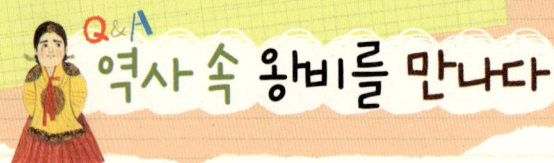
Q&A 역사 속 왕비를 만나다

역사 속 인물을 모시고 궁궐 이야기를 들어 보는 자리를 마련했습니다. 왕비 중에서는 대군의 부인이었다가 중종반정으로 왕비가 되었지만 며칠 만에 폐비된 단경왕후를 만나 볼까요.

🖊 중종반정으로 왕비가 되시고 이레 만에 폐비되셨던데, 그 짧은 기간에 대체 무슨 일이 있었나요?

친정이 중죄를 지었다고 해서 그리 되었다네.

🖊 친정에서 어떤 죄를 지었는데요?

알다시피 연산군을 몰아낸 반정 세력이 주상을 옹립하지 않았나? 그런데 아버님(신수근)이 반정 참여를 권유받고도 거절하셨거든. 그래서 죽임을 당하셨고.

🖊 아버님은 왜 거절하신 건가요?

연산군 비가 우리 고모시네. 연산군의 폭정이 심하긴 했지만, 아버님으로서는 그렇다고 누이동생을 몰아내는 데 앞장서긴 힘드셨던 모양이야.

🖊 그렇군요. 그런데 친정에서 죄를 지으면 왕비를 쫓아낼 수도 있었나요?

그런 경우는 내가 유일무이하다더군. 세종 비인 소헌왕후는 친정이 역모죄에 얽혀 모두 노비가 되었지만 폐비되지는 않으셨지. 태종께서 "평민의 딸도 시집가면 연좌되지 않는데 왕비를 어떻게 폐출시키느냐?"고 하셨다더군.

🖊 그런데 왕비님의 경우에는 왜 그랬을까요?

자신들이 죽인 사람의 딸이 왕비로 있는 것이 불안했겠지. 내가 왕비로 있으면 언제든 그 문제가 불거질 거라고 생각했을 거야. 당시에는 내게 자식이 없었지만, 혹시 내가 아들을 낳아 다음 왕이 된다면 자신들이 화를 입을까 봐 걱정되었을 테고.

인왕산 치마바위
중종은 폐비 신씨가 생각날 때마다 경회루에 올라가 신씨가 살고 있는 인왕산 쪽을 바라보았다고 한다. 신씨는 이 소문을 듣고 자신이 입던 치마를 날마다 인왕산 바위에 널어놓았고, 이때부터 사람들은 이 바위를 치마바위라고 불렀다.

🖊 **그런데 중종은 왜 반대하지 않았을까요? 왕이 그 정도의 힘도 없나요?**

전하께서는 반정 당일까지 아무것도 모르고 있다가 왕으로 옹립되셨네. 그러니 무슨 힘이 있었겠나? 자신을 왕으로 만들어 준 사람들 말을 들을 수밖에 없었겠지. 마음으론 반대하셨을 거야. 난 그렇게 믿고 있네. 우린 금실도 좋았거든.

🖊 **중종반정이 개인적으로는 불행을 가져온 건데, 폐비될 때 어떤 심정이셨나요?**

주상의 자리만 확고하다면 나야 어찌 된들 무슨 대수겠어? 그것 말고 내가 어떤 생각을 할 수 있었겠나?

🖊 **그 후 어떻게 지내셨나요?**

혹시나 주상께서 불러 주실까 학수고대했지만 헛되이 오십 년 세월이 흘러갔다네. 내 복위 문제가 거론된 적도 있었던 모양이지만 결국엔 무위에 그쳤어. 의리니 명분이니 하며 다퉜겠지만, 아무래도 정치적인 세력 관계에 의해 내 처지가 결정되지 않았나 싶으이.

🖊 **폐비되셨는데 단경왕후라는 시호는 받으셨네요?**

그저 폐비 신씨라고 불리다가 영조 15년(1739)에 부모님이 복권될 때 나도 복위되었다네. 단경이라는 시호도 그때 받았고.

궁궐 백과

왕비만이 대비가 될 수 있다!

무신년진찬도병
헌종 14년(1848)에 열린 대왕대비 순원왕후(순조비) 육순 잔치를 기록한 그림이다.

왕이 승하하면 왕비는 대비가 되어 왕실의 어른으로 대접 받았는데, 다음 왕위를 자신의 아들이 아닌 다른 누가 잇더라도 대비로서의 지위를 보장받았다. 남편이 세자일 때 죽어 왕비로 책봉된 적은 없지만 훗날 대비가 된 경우는 있다. 그 아들이 즉위하면서 자신의 아버지를 왕으로 추존한 것이다. 인수대비는 남편인 의경세자가 죽자 폐빈되었다가 훗날 아들 자산군(성종)이 즉위하면서 의경세자를 덕종으로 추존함에 따라 왕비 존호를 받고 대비가 되었다.

대비가 왕을 대신해 정치를 돌보는 수렴청정

새 왕이 어려서 직접 정사를 보기 어려울 때에는 대비 또는 대왕대비가 왕실 최고 어른의 자격으로 수렴청정을 했다. 수렴청정이란 발을 치고 정사를 듣는다는 뜻으로, 대비가 왕 뒤에 발을 치고 앉아 국정을 의논했기 때문이다.

수렴청정 기간은 그때마다 달랐다. 13세에 즉위한 성종과 12세에 즉위한 명종은 20세까지 정희왕후와 문정왕후의 수렴청정을 받았고, 순조는 11세에 즉위한 후 3년간 수렴청정을 받았다. 숙종은 13세의 어린 나위로 즉위했지만 처음부터 직접 정사를 돌보았다.

🏵 친잠례는 언제부터 거행되었을까?

친잠례
충북 청원군의 한국잠사박물관에 있는 친잠례를 재현한 그림이다.

　나라에서는 누에치기를 곡식 농사와 함께 국가 경제를 이루는 근간으로 여겨 적극 장려했다. 나라에서 직접 잠실을 운영하기도 했는데 궁궐 후원에 내잠실을, 한양 인근에 동·서잠실을 두었다. 서울의 잠실동은 그중 동잠실이 있던 곳이다. 누에치기는 대표적인 여성 노동이므로, 왕비가 백성들에게 모범을 보이는 의미에서 직접 누에치기를 해 보이는 친잠례를 거행했다. 친잠례는 성종 때 제헌왕후(연산군의 생모인 폐비 윤씨)가 시작한 뒤 연례행사가 되었다.

🏵 왕비의 예복

　혼례, 종묘 제사, 대연회 같은 행사가 있을 때 왕비는 예복으로 적의를 입었다. 왕비의 적의에는 꿩무늬를 9층으로, 세자빈의 적의에는 7층으로 수놓았다. 적의에서 적(翟) 자는 꿩을 뜻하는 글자이다. 꿩은 오방색을 두루 갖추고 있는데, 이 오방색이 유교의 덕목인 인의예지신을 상징한다고 보아 꿩 무늬를 수놓은 것이다. 친잠례 때는 예복으로 노란색 국의를 입었는데, 봄에 싹트는 뽕잎의 색을 본뜬 것이다.

영친왕비 적의
대한제국 황태자비인 영친왕비의 적의로, 이 옷은 꿩을 수놓지 않고 새겼다.

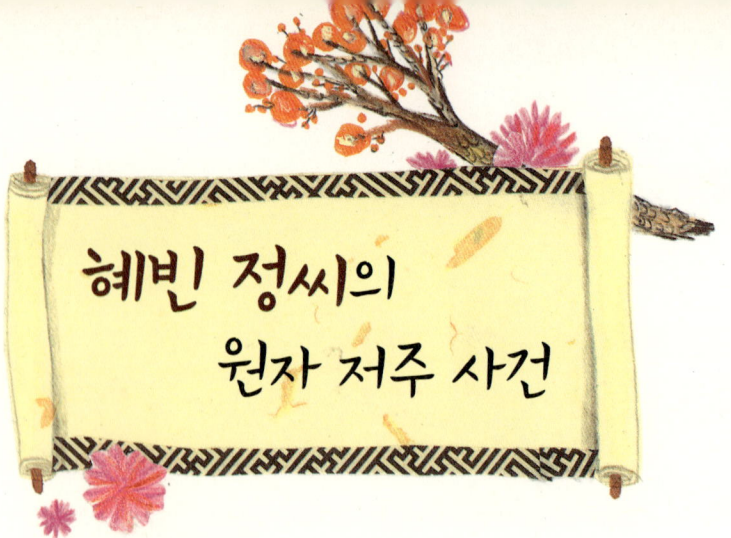

혜빈 정씨의 원자 저주 사건

영빈과 강 소의*가 함께 왕비에게 문안 인사를 드리러 왔다.

"중전마마께서는 지금 건순각에 계시옵니다."

교태전으로 들어서니 그곳을 지키던 나인이 아뢰었다. 교태전 뒤쪽에 난 작은 문을 지나니 아미산이 보이고, 그 앞에 있는 건순각에 왕비가 앉아 있었다. 왕비는 문을 활짝 열고 아미산의 꽃들을 바라보며 산들산들 불어오는 바람을 쐬고 있었다.

"중전마마께 문안 인사 여쭈옵니다."

영빈과 강 소의가 공손히 절을 올렸다. 왕비 앞에 놓인 상에는 찻잔과

● 소의 : 조선 시대에 후궁에게 내리던 정2품 내명부의 품계.

정성스럽게 담은 떡이 놓여 있었다.

"이번에 중궁전의 궁녀 몇이 관례를 올렸다며 본가에서 마련해 온 잔치 음식을 올렸다네. 함께 드세나."

왕비가 접시를 영빈과 강 소의 쪽으로 밀어 주었다.

"그나저나 어인 일로 함께 찾아왔는가?"

평소 강 소의가 영빈을 심하게 시기해 사이가 별로 좋지 않은데, 이렇게 나란히 찾아오다니 왕비는 의아한 생각이 들었다.

"날이 화창하여 후원을 거닐다가 강 소의를 만났는데, 중전마마께 문후 드리러 간다기에 함께 왔사옵니다."

영빈이 예의 부드러운 미소를 띠며 대답했다.

"이번에 소인이 큰 잘못을 범했는데 중전마마 덕분에 화를 면했습니다. 이 은혜 죽어도 잊지 않겠나이다."

강 소의가 평소 모습과 달리 주눅 든 목소리로 아뢰었다.

왕비는 '아!' 하는 표정을 짓다가 이내 정색을 했다.

"나는 당연한 일을 한 것뿐일세. 후궁들의 기강을 바로잡지 못한 나의 불찰 또한 있으니 더 이상 말은 않겠네만, 앞으로는 법도에 어긋나는 일이 없도록 명심하게."

얼마 전 강 소의가 자신의 딸인 연희옹주를 '너'라고 하며 야단을 친 일

이 임금 귀에 들어가 불호령이 떨어졌다. 아무리 자신이 낳았다고 해도 왕의 딸인 옹주를 함부로 대하는 것은 곧 왕을 무시하는 처사로 여겨졌기 때문이다. 더구나 강 소의가 평소에도 연희옹주를 미워하며 구박했다는 사실이 드러나 임금의 분노는 더욱 컸다. 임금이 강 소의를 쫓아내겠다며 펄펄 뛰는 것을 왕비와 영빈이 나서 간신히 말릴 수 있었다.

강 소의는 평소 욕심이 많고 시기심이 남달라 다른 후궁들과 불화를 자주 일으키곤 했다. 궁녀 출신으로 승은 후궁이 된 자신을 영빈이 미천한 출신이라고 업신여긴다며 억지를 부리는가 하면, 자신이 왕자만 낳았더라면 주상의 총애를 독차지했을 거라며 애먼 연희옹주에게 화풀이를 하곤 했던 것이다.

왕비는 그런 강 소의를 보면서 외려 강 소의가 왕자를 낳지 못한 것이 다행이라는 생각마저 들었다.

'왕자라도 낳았더라면 저 성정에 어떤 마음을 먹었을지, 생각만 해도 아찔하구나.'

왕비는 간혹 이런 생각을 할 때면 혜빈 정씨 일이 떠올라 자신도 모르게 몸서리를 치곤 했다.

예전에 왕의 후사 문제를 놓고 한바탕 분란이 있었는데 그 중심에 있던 인물이 혜빈 정씨였다.

혜빈 정씨는 대전의 지밀 소속 궁녀로 있다가 임금의 눈에 띄어 승은을 입게 되었다. 지밀은 왕을 가까이에서 모시는 자리라 보통 중인 출신으로 뽑는데, 정씨 역시 할아버지가 호조에서 말단 서리*를 지낸 집안 출신이었다.

정씨는 승은을 입은 지 일 년 만에 왕자를 출산했고, 곧바로 혜빈으로 봉해졌다. 문제는 왕비 소생의 왕자가 없는데 혜빈이 먼저 왕자를 출산했다는 것이다. 이로 인해 궁궐이 크게 술렁이기 시작했다.

혜빈은 틈만 나면 왕에게 자신이 낳은 왕자를 원자* 삼아 달라고 졸랐다. 혜빈 집안과 줄을 대고 있는 신하들 역시 입을 모아 어서 빨리 원자를 세우라며 왕을 다그쳤다.

"전하, 하루라도 빨리 후계자를 지명하시어 부디 종묘사직을 굳건히 하시옵소서!"

하지만 왕비 집안을 중심으로 한 신하들의 반대 또한 만만치 않았다.

"왕통은 적장자로 잇는 것이 이치에 맞는 것이고, 중전마마가 아직 젊으시니 기다려 보심이 옳을 것입니다."

왕은 비록 혜빈을 총애했지만 후계에 관한 일을 그리 쉽게 결정할 수는 없었다. 왕은 가타부타 말이 없는데 혜빈을 둘러싼 세력과 왕비를 둘러싼 세력 사이에 공방만 치열했다.

원자 문제는 결정되지 않았지만 혜빈은 왕의 총애를 믿고 날로 기세등등해졌다. 왕비에게 문안도 제대로 드리지 않았고, 마치 자신이 궁궐의

● 서리: 관아에 속해 말단 행정 실무를 맡아보던 사람.
● 원자: 임금의 맏아들을 일컫는 말. 세자가 될 왕자를 부르는 호칭이기도 하다. 왕비가 낳은 적자가 없어 애매할 때는 왕이 따로 원자를 정하기도 한다.

안주인이라도 되는 양 굴었다. 그 와중에 가장 마음고생이 심한 사람은 물론 왕비였다.

"중전으로서 가장 큰 임무는 왕위를 이을 대군을 생산하는 일이건만, 내가 부족하여 조정에 분란이 이는구나. 더구나 혜빈은 나를 능멸하기까지 하니, 이 수모를 어찌 할꼬!"

왕비는 어린 왕자를 안고 뻐기듯 궐 안을 활보하는 혜빈을 보며 가슴을 치는 수밖에 없었다.

그러던 어느 날, 왕비에게는 천만다행이요 혜빈에게는 청천벽력 같은 일이 일어났다. 왕비가 드디어 회임을 한 것이다. 세자빈으로 간택되어 입궐하고 10년 만의 일이었다.

그런데 어쩐 일인지 중전이 시름시름 앓기 시작했다. 의원들은 원인을 알 수 없다며 답답해했고, 궐 안에는 이상한 풍문이 돌기 시작했다.

"누가 중전마마를 저주하는 거 아냐?"

"맞아, 맞아. 그러지 않고서야 멀쩡하던 분이 왜 저러시겠어?"

궐 안에는 혜빈이 왕비를 저주한다는 소문이 돌았지만 막연한 의심 때문에 혜빈을 추궁할 수는 없었다. 의원들이 온갖 처방을 다해 보아도 왕비의 상태는 나아질 줄 몰랐고, 이래저래 궁궐은 어수선했다.

그러던 어느 날 중궁전에서 일하는 비자*가 오 상궁을 뵙자고 했다. 비자의 이야기를 듣던 오 상궁의 눈이 등잔만 해졌다.

● **비자**: 궁궐에 살며 궁녀들의 살림을 해 주고 심부름을 하던 계집종.

"그게 정말이냐? 한 치의 거짓도 없으렷다?"

"소인네가 어느 안전이라고 거짓을 고하겠습니까? 한밤중에 혜빈마마 처소에서 웬 사람이 나오더니 중전마마 처소로 들어가는 것을 두 눈으로 똑똑히 보았습니다."

오 상궁은 이 사실을 왕비와 대비에게 알렸고, 대비는 곧 혜빈을 불러다가 추궁했다. 하지만 혜빈은 말도 안 된다며 펄쩍 뛰었다.

"왜 소인을 모함하십니까? 제게 죄가 있다면 승은을 입어 왕자 아기씨를 낳은 죄밖에 없나이다. 제가 이 자리에서 죽는다면 결백을 믿어 주시겠습니까?"

혜빈이 자결 소동까지 벌이며 부인하는 바람에 이 일은 유야무야 넘어가고 말았다.

어수선한 상황에서도 왕비는 왕자를 출산해 왕실을 기쁘게 했다. 왕비는 한동안 생사를 헤매다 간신히 회복되었는데, 다시는 아이를 가질 수 없는 몸이 되고 말았다. 왕비는 크게 낙심했지만 왕자를 낳았으니 그나마 천만다행이다 싶었다.

혜빈으로서는 비록 자신의 아들이 왕의 첫째아들이기는 해도 적자로 태어났으니 어쩔 도리가 없었다. 그렇게 왕실에는 평화 아닌 평화가 찾아왔다. 하지만 이 평화는 얼마 못 가 깨지고 말았다. 원자가 세자 책봉도 받기 전에 여섯 살의 어린 나이로 죽고 만 것이다. 원인도 알 수 없는 급작스런 죽음이었다.

그러자 혜빈의 아들 순안군을 세자로 삼아야 한다는 이야기가 다시 나오기 시작했다.

"사정이 이렇게 됐으니 주상께서도 순안군을 세자 삼으실 수밖에 없지 않겠소?"

궁궐에는 이런 이야기가 공공연히 돌았고, 혜빈의 기세는 하늘을 찌를 지경이었다. 조정 신료 몇몇은 은밀히 혜빈에게 줄을 대느라 바빴다.

"종묘사직을 이어 가는 일이 참으로 어렵구나."

고민을 거듭하던 왕은 결국 순안군을 세자 삼기로 결정했다. 이 사실을 언제 밝힐까 적당한 때를 기다리던 어느 날이었다.

"대비전에서 전갈이 왔사온데, 급히 광원당에서 뵙고자 하십니다."

박 승전색*의 말에 왕은 고개를 갸우뚱했다.

'흠, 어마마마께서 혜빈 처소로 부르신다고?'

광원당에 발을 들이는 순간, 왕은 눈앞에 벌어진 모습에 자기 눈을 의심했다. 마당에는 혜빈과 소속 나인들이 엎드려 있고, 그 앞에는 형체를 알 수 없게 뭉개진 쥐의 사체와 바늘 수십 개가 꽂힌 허수아비가 널브러져 있었다. 부적 수십 장과 정체를 알 수 없는 책, 사람 형상이 그려진 종잇장 등도 함께였다.

"어젯밤에 몰래 궐 밖으로 나가려던 혜빈 처소의 나인이 붙잡혔습니다. 출자패도 없이 몰래 나가려다 잡혔다며 김 내관이 수상하다고 끌고 왔지 뭡니까. 내가 짚이는 바가 있어 추궁해 보니 무당에게 부적을 가지러 가던 길이었다고 합니다. 그래서 이곳을 급습해 보니 저주에 쓰이는 온갖 물건들이 쏟아져 나왔습니다. 중궁전 섬돌에서는 저 끔찍한 쥐의 사체가 나왔고요. 글쎄, 인간의 탈을 쓰고 어찌 이런 짓을 벌일 수 있단

궁녀의 출입증

궁녀가 궐 밖으로 나가려면 먼저 상궁에게 허락을 받은 후 담당 내관에게 신고하고 '出(출)' 자가 쓰인 패를 받아야 했다. 이 패는 외출에서 돌아온 후 반납했고, 언제 나가고 들어왔는지를 출입 장부에 기록했다.

• 승전색 : 임금의 뜻을 전달하는 일을 맡아보던 내시.

말입니까!"

대비의 목소리는 분노로 부들부들 떨렸다.

그날부터 혜빈을 중심으로 주변 인물들에 대한 대대적인 국문이 이어졌다. 혜빈이 그동안 벌였던 온갖 저주 행위가 밝혀지자 사람들은 그 극악함에 몸을 떨었다.

혜빈은 결국 사약을 받았는데, 이후에도 한동안 조정이 시끄러웠다. 혜빈의 아들 순안군을 어찌할지를 놓고 그랬던 것이다. 순안군도 함께

● 국문 : 역적 등의 중죄인을 신문하는 일.

처벌해야 한다는 무리와 아무것도 모르는 어린 왕자를 처벌하는 것은 가혹하다는 무리로 나뉘어 갑론을박이 벌어졌다.

처벌을 강력하게 주장한 사람들은 왕비 쪽 사람들이었다. 순안군이 왕자의 자격을 그대로 유지한다면 다른 왕자가 없는 상태에서 세자가 될 수도 있었고, 그럴 경우 자신들이 어찌 될지 모른다는 위기감 때문이었다. 격렬한 논쟁 끝에 순안군은 결국 폐서인˙되어 궐 밖으로 나갔고, 얼마 되지 않아 안타깝게도 병사했다는 소식이 들려왔다.

궐에서는 다시 왕의 후사 문제가 대두되었다. 결국 간택을 통해 후궁을 들이기로 했고, 그렇게 해서 들어온 사람이 영빈이었다. 영빈은 입궐 이듬해 왕자를 낳았으니, 그 왕자가 바로 지금 세자인 영안군이다.

다행히 영빈은 마음이 곱고 부드러웠다. 아들이 세자가 되었지만 늘 자신을 낮추고 왕비를 받들었으며 소박하게 생활했다. 영빈의 아들이 세자로 책봉되자 은밀히 귀중품을 바치며 아첨하는 사람들이 생겼는데, 그것을 모두 물리쳐 주변의 칭찬이 자자했다.

"비온 뒤에 땅이 굳는다더니, 왕실이 지금처럼만 평온했으면 더없이 좋으련만……."

문안을 마치고 돌아가는 영빈의 뒷모습을 바라보며 왕비가 나직하게 중얼거렸다.

● 폐서인 : 벼슬이나 신분상의 특권을 빼앗아 서민이 되게 하는 것, 또는 그렇게 된 사람.

Q&A 역사 속 후궁을 만나다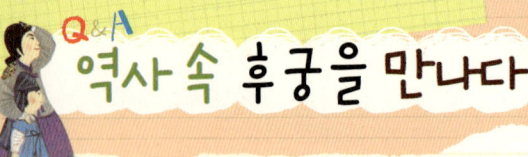

역사 속 인물을 모시고 궁궐 이야기를 들어 보는 자리를 마련했습니다. 후궁 중에서는 중종의 총애를 한 몸에 받았지만 역모 죄를 쓰고 희생된 경빈 박씨를 만나 볼까요.

🖊 어느 곳에서 일하던 궁녀였나요?

어허! 후궁이 모두 궁녀 출신이라고 누가 그러던가? 우리 집안이 비록 한미하기는 했지만 엄연한 사대부가의 딸이라네.

🖊 후궁으로 간택된 경우인가요?

간택은 간택인데 후궁을 들이기 위한 간택은 아니었어. 왕비 간택에 참여했다가 최종 후보에 들었지만, 왕비로 낙점되진 못하고 후궁이 된 것이지.

🖊 간택에 참여했다가 못 뽑히면 후궁이 되었나요?

나라에서는 간택에 떨어진 규수는 혼인을 해도 된다고 했지만, 재간택까지 갔던 규수는 다들 혼인 상대로 꺼렸다네. 그래서 그냥 후궁이 되기도 했지. 우리 때는 간택 방법이 좀 달랐는데, 최종 후보들을 먼저 후궁으로 입궐시킨 뒤 그중에서 왕비를 뽑았다네.

🖊 왜 그런 방식으로 왕비를 뽑았나요?

연산군을 몰아내고 중종께서 즉위하셨을 때 본부인인 단경왕후가 있었는데, 그 집안이 연산군과 관련 있다고 해서 폐비되었다네. 그 후 새 왕비를 간택하게 되었는데, 대비인 정현왕후께서 몇몇 처자를 먼저 후궁으로 들여 찬찬히 살펴본 뒤 결정하겠다고 하셨네. 그래서 최종 후보에 오른 규수들은 아예 후궁 품계를 받고 입궐했지.

🖊 그런데 최종 낙점을 받지는 못하신 거군요?

대비께서 윤여필의 딸과 나를 두고 고민하셨다네. 나는 인물은 뛰어났지만 집안이 한미했고, 윤 규수는 집안이 막강했거든. 결국 대비께서는 윤 규수로 결정하셨는데,

그분이 장경왕후라네.

🖍 **미모가 뛰어나셔서인지 중종의 사랑을 독차지하셨다면서요?**

그랬지. 덕분에 왕자도 내가 먼저 낳았다네. 왕비께서는 나보다 6년 늦게 대군을 출산하셨는데, 해산 직후 그만 돌아가시고 말았어. 이러니 사람들은 멋대로 추측하더군. 전하의 총애도 독차지하고 있겠다 세자 저하를 지켜줄 어머니도 안 계시니 내가 아들인 복성군을 세자로 만들기 위해 음모를 꾸밀 거라고 말이지.

🖍 **그런 오해를 받기에 딱 좋은 상황이었던 것 같네요.**

후궁이라고 하면 왕의 사랑을 차지하기 위해 중전을 모함하고 세자를 저주하는 모습을 연상하는 사람이 많은데, 제발 그런 편견은 버리게나. 물론 내가 전하의 총애를 믿고 안하무인으로 굴기는 했지만, 어찌 감히 역모를 꾀할 수 있었겠는가?

🖍 **하지만 결국 역모죄로 죽임을 당하셨지요?**

글쎄, 그게 모함이었다니까! 작서의 변이라고 들어 봤나? 동궁에 죽은 쥐를 매달아 세자를 저주한 사건이 벌어졌는데, 나랑 복성군을 범인으로 지목하더군. 우리 모자는 정말 억울했다네.

🖍 **그러면 나중에 진범이 밝혀졌나요?**

김안로가 아들을 시켜 꾸민 일로 밝혀졌지. 후궁의 처지라는 게 그렇다네. 왕의 총애가 크면 하늘 높은 줄 모르고 권세를 부리다가도 왕의 마음이 돌아서면 구르는 낙엽 신세가 되는 거지. 하긴, 왕의 친형제나 친자식도 처지가 마찬가지더군. 얼굴 한 번 본 적이 없어도 역모를 꾀한 사람 입에서 그 이름이 나오면 극형을……. 화려한 겉모습만 보고 부러워할 건 아닌 것 같으이.

경빈 박씨 무덤
무덤이 쓸쓸하고 초라하기 그지없다. 경기도 남양주시 진전읍 연평리에 있다.

궁궐 백과

❁ 어떤 사람이 후궁이 될까?

양반가 규수가 간택을 통해 후궁이 되기도 하고, 신분에 관계없이 승은을 입어 후궁이 되기도 했다. 간택 후궁은 대개 후사를 잇기 위해 들였는데, 정조의 후궁이자 순조의 생모인 수빈 박씨가 그런 경우였다. 왕비 간택에 참여해 재간택까지 갔는데 최종 낙점되지 못했을 때 후궁이 되기도 했다. 승은 후궁은 궁녀, 기생, 노비 등 낮은 신분이 많았고, 의례적인 대우나 역할 등에서 간택 후궁과 차이가 있었다. 경종의 생모인 희빈 장씨, 영조의 생모인 숙빈 최씨 등은 숙종의 승은 후궁이었다.

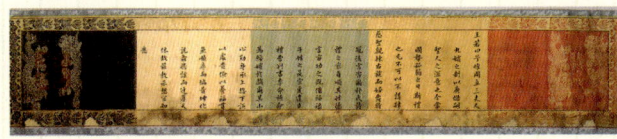

수빈 박씨 책봉 교명
정조가 후궁 박씨를 정1품인 수빈에 책봉할 때 내린 교명이다.

❁ 후궁은 왕비가 될 수 없을까?

왕비는 정식 간택 절차를 거쳐 책봉되는 것이 원칙이지만 후궁에서 왕비로 승격된 경우도 있었다. 성종의 계비(임금이 다시 장가를 가서 맞은 아내)이자 연산군의 생모인 폐비 윤씨는 본디 후궁이었다가 공혜왕후가 승하한 뒤 왕비로 책봉된 경우이다. 숙종의 후궁이었던 장희빈은 인현왕후가 폐서인이 된 후 왕비로 책봉되었지만, 인현왕후가 복위되면서 다시 후궁으로 밀려나기도 했다. 이 과정에서 장희빈이 인현왕후를 저주하는 일이 벌어지자 숙종은 왕비 자리를 둘러싼 분란을 막고자 후궁은 절대 왕비가 될 수 없게 국법으로 정해 버렸다.

왕의 어머니가 된 후궁들

청와대 경내에는 칠궁이라고 해서 일곱 사당을 모아 놓은 곳이 있는데, 조선 시대 후궁 중 왕이나 추존왕의 생모였던 사람들의 위패를 모신 사당이다. 영조의 생모 숙빈 최씨를 모신 육상궁, 영조의 맏아들로서 효장세자의 생모 정빈 이씨를 모신 연우궁, 사도세자의 생모 영빈 이씨를 모신 선희궁, 순조의 생모 수빈 박씨를 모신 경우궁, 경종의 생모 희빈 장씨를 모신 대빈궁, 인조의 아버지를 낳은 인빈 김씨를 모신 저경궁, 영친왕의 생모 순헌귀비 엄씨를 모신 덕안궁 등이다.

칠궁
서울 종로구 궁정동에 있다.

왕이 승하하면 후궁은 어떻게 될까?

왕이 승하하면 그 왕을 모시던 후궁들은 모두 궐에서 나가는 것이 궁중 법도였다. 보통 왕에게서 받은 집과 토지를 운영하며 자식과 함께 살았고, 자신의 아들이 왕이 되거나 대비의 허락을 받은 경우 궐에 남기도 했다. 자식이 없는 경우에는 대개 승려가 되어 선왕의 명복을 빌며 여생을 보냈다. 창경궁 서쪽의 정업원은 궐에서 나온 여인들이 머물던 승방이었다. 정업원은 유교 이념을 중시하는 유학자들에 의해 선조 때 없어졌지만, 이후에도 후궁들의 출가는 계속 이어졌다.

정업원 터
서울 종로구 숭인동 청룡사 경내에 있다.

세자가 할 일은 오직 공부뿐

이제 여름으로 접어드는 초입인데도 아침부터 햇살이 제법 따가웠다. 그래도 아직은 봄기운이 더 많이 느껴지는 날이었는데, 동궁의 송 내관은 온몸이 땀에 젖을 지경이었다.

"저하~."

송 내관은 아까부터 애타게 세자를 찾아 다녔다. 분명히 대전에서 아침 문안을 드린 뒤 모시고 나왔는데, 박 내관과 잠시 이야기를 나누고 보니 세자가 보이지 않았던 것이다.

아침 문안 뒤에는 아침 공부 시간이니 당연히 동궁의 비현각으로 가셨겠지 했는데, 정작 비현각에는 서연관 혼자 기다리고 있었다. 서연관은 세자에게 공부를 가르치는 관리이다.

송 내관은 다시 강녕전 근처까지 가 보았지만 세자를 만나지 못했다.

"허, 귀신이 곡할 노릇이네. 그새 어디로 가셨을까?"

송 내관은 발을 동동 구르며 비현각으로 돌아왔다.

"대전과 동궁이 멀리 떨어진 것도 아니고, 바로 옆인데 그 사이에 어디로 가셨단 말이오?"

서연관도 황당하다는 표정이었다.

마침내 송 내관이 세자를 찾아낸 곳은 엉뚱하게도 비현각 바로 옆 자선당이었다. 비현각은 세자가 평소에 업무를 보거나 공부하는 곳이고, 자선당은 침소였다.

경복궁 자선당
세자가 평소에 잠을 자거나 쉬는 곳이다.

"아니, 세자 저하가 왜 여기 계신 것이냐?"

송 내관이 세자를 호위하는 익위사* 군사에게 물으니 도리어 의아하다는 반응이었다.

"세자 저하께서 오늘 아침 공부는 쉰다고 하시기에 그런 줄 알고 있었습니다."

송 내관은 어이가 없었지만 일단 세자의 행방을 찾은 것에 안도하며 세자를 불러 보았다.

"저하, 문을 열겠사옵니다."

몇 번을 불러도 대답이 없자 송 내관이 문을 열었다. 세자는 그새 졸고 있었는지 눈을 비비며 몸을 일으켰다.

"저하, 가슴이 철렁했습니다요."

"내가 가 봤자 어딜 가겠느냐?"

호들갑스럽게 세자를 반기는 송 내관과 달리 세자는 별일 아니라는 표정이었다.

"서연관은 아직 돌아가지 않고 기다리고 있느냐?"

송 내관이 그렇다고 하자 세자는 긴 한숨을 내쉬더니 밖으로 나왔다.

● 세자익위사 : 왕세자를 모시고 호위하는 임무를 맡았던 관청.

 그런 세자를 보니 송 내관은 짠한 마음이 들었다.
 송 내관은 세자를 젖먹이 때부터 보살펴 왔다. 막 걸음마를 배워 아기 똥거리고 다닐 때에는 혹시 넘어질까 봐 조마조마한 마음으로 따라다녔고, 배동˙과 궐 안을 뛰어다니며 놀 때에는 활기찬 모습에 기뻐하기도 했다.
 무사히 잘 자라 세자 책봉도 받고 곧 세자빈도 간택한다고 해서 뿌듯한 마음으로 모시고 있었는데, 세자는 요즘 들어 공부에 싫증이 나는지 종종 흐트러진 모습을 보이곤 했다.

● **배동** : 원자의 또래 친구. 종친이나 대신의 자제 가운데 총명한 아이를 뽑아 세자와 어울리게 했다.

"하긴, 아직 어리신데 이토록 공부에만 눌려 계시니……."

송 내관이 세자의 뒤를 쫓아가며 혼잣말로 중얼거렸다.

세자가 비현각에 오니 서연관이 기다리고 있었다. 서연관이 먼저 방으로 들어가자 세자가 뒤따라 들어갔고, 세자가 먼저 절을 올리자 서연관도 세자에게 절을 했다. 본래는 신하인 서연관이 세자에게 절을 해야 하지만, 공부를 배우는 동안만은 신하가 아닌 사부로서 대하기 때문에 세자가 먼저 절을 하는 것이다.

세자가 공부를 하는 방법은 여느 학생들과 그리 다르지 않았다. 세자가 우선 전날 배운 내용을 암송하고 뜻을 풀었다. 세자가 그 내용을 제대로 익힌 것이 확인되면 서연관이 그다음 부분을 읽었다. 세자가 그것을 따라 읽으면 서연관이 뜻을 풀어 주었고, 세자는 뜻을 새기며 문장을 되풀이해서 읽었다.

공부를 마친 뒤 서연관이 자리에서 일어서자 세자가 뒤따라 나갔다. 세자는 계단 아래까지 내려가 서연관을 배웅했다.

배웅을 마치고 세자가 다시 방에 들어가자 송 내관이 아뢸 말이 있다며 들어왔다.

세자의 공부 시간

세자의 공부 시간은 크게 법강과 회강이 있다. 법강은 매일 하는 공부로 아침에 하는 조강, 낮에 하는 주강, 저녁에 하는 석강으로 나뉜다. 회강은 한 달에 두 번씩 세자를 가르치는 스승들이 모두 참석하는 공부 시간이다. 때로는 왕이 참석해 세자의 공부를 점검하기도 했다.

"저하, 난감하게 되었습니다. 주상 전하께서 서연관 김영춘에게 벌을 내리셨답니다."

"그게 무슨 소리냐?"

"지난 시험에서 관례라며 저하께 통자생을 낸 것 때문에 전하께서 노하셨다 합니다."

세자는 아침저녁으로 공부하며 시험도 수시로 보았다. 시험은 그동안 배운 것을 외워 보이면 서연관이 듣고 성적을 매기는 식이었다. 성적은 통·약·조·불·방외로 나뉘었는데 통이 가장 우수한 성적이었다. 그런데 지난번에 세자가 몇 부분을 빠트리고 외웠는데도 서연관 김영춘이 '통'으로 성적을 매겼고, 왕이 이 사실을 알고 진노했다는 것이다.

"오늘 아침 공부까지 빼먹었으면 곤란할 뻔했구나."

세자가 다행이라는 듯 숨을 크게 몰아쉬었다.

강경패

서연관이 성적을 표시할 때에는 강경패를 들어 보였다. 강경패란 통·약·조·불·방외 글자가 새겨진 패인데, 지금의 수·우·미·양·가 같은 것이다.

저녁 식사를 마친 뒤 세자는 대전으로 저녁 문안을 갔다. 아침저녁으로 어른들께 문안을 드리는 일은 세자의 가장 큰 임무 중 하나였다.

세자는 혹시 왕이 지난번의 그 시험 이야기를 꺼내지 않을까 걱정했지만, 왕은 전혀 내색을 하지 않았다. 그렇다고 세자가 먼저 말을 꺼낼 수는 없는 일이었다.

왕은 세자에게 요즘 배우는 공부 내용을 잠시 묻더니 입학례 이야기를 꺼냈다.

"입학례 날짜가 얼마 남지 않았구나. 이 일을 계기로 더욱 공부에 전념해야 할 것이다."

입학례는 세자가 성균관에 가서 사부에게 가르침을 청하는 의식이다. 그렇다고 해서 세자가 앞으로 계속 성균관에 다니는 것은 아니다. 세자는 다만 성균관에 가서 입학식 행사만 치를 뿐, 공부는 지금처럼 동궁에서 시강원 관료들에게 계속 배운다.

입학례는 세자가 학생으로서 스승에 대한 예를 표시하는 동시에 열심히 학문을 닦아 성군이 될 것을 다짐하는 의미에서 치르는 의식이었다.

"세자도 알겠지만, 입학례는 단순히 글공부를 위한 것이 아니다. 세자가 제자로서 예를 갖추어 스승을 공경하는 모습을 보인다면 백성들 또한 이를 본받지 않겠는가. 과인과 중전도 그렇지만 미래의 국왕인 세자 또한 모두의 모범이 되어야 함을 명심 또 명심하여라."

"아바마마의 말씀 가슴 깊이 새기겠사옵니다."

강녕전을 나온 세자는 교태전에 가 왕비에게도 문안 인사를 드렸다. 왕비는 언제나처럼 부드러운 얼굴로 세자를 반기며 건강을 잘 챙기라고 당부했다.

교태전을 나온 세자가 잠시 머뭇거렸다.

"저하, 어디로 모시오리까?"

생모인 영빈에게 문안 인사를 갈까 하는 세자의 마음을 눈치 챈 듯 송 내관이 물었다. 하지만 세자는 그냥 동궁으로 돌아갔다. 요즘 공부도 잘 안 하고 말썽만 부렸던 터라 영빈을 뵙기 민망했던 것이다.

자선당에 든 세자는 다시 책을 펼쳤다. 공부로 해가 뜨고 공부로 밤이 새는 나날이 어린 세자에게는 버거웠고, 때로는 딴짓도 해 보았지만 결국 돌아오는 곳은 책상 앞이었다. 세자는 그날 배운 것을 다 외우리라 다짐하며 책을 펼쳤지만 결국에는 다 못 끝내고 잠이 들고 말았다.

어느덧 세자가 입학례를 치르는 날이 되었다.

세자를 태운 가마가 광화문을 나와 성균관으로 향했다. 백성들은 너도 나도 길가에 나와 세자의 행차를 구경했다.

 성균관에 도착한 세자는 안으로 들어가고, 익위사 군사들은 문밖에 대기했다. 성균관은 유생들의 공간이라 군사들이 함부로 들어갈 수 없기 때문이다.
 세자는 곤룡포를 벗고 유생들이 공부할 때 입는 학생복을 입은 뒤 먼저 대성전으로 가서 공자를 비롯한 성인들의 위패 앞에 향을 피우고 술잔을 올렸다.

대성전과 명륜당

성균관·향교·서원 같은 교육 기관은 성현들의 위패를 모신 사당과 교육 시설을 함께 갖추고 있다. 사당인 대성전에는 유교를 집대성한 공자를 비롯해 여러 성현들의 위패를 모셨고, 교육 시설로는 교실에 해당하는 명륜당과 기숙사인 동재·서재가 있다.

그다음으로 세자는 명륜당 안에 있는 스승에게 배움을 청했다. 스승은 스스로를 부족한 사람이라 낮추며 세자의 청을 사양하다가 세 번의 부탁 끝에 가르침을 허락했다. 평소 세자의 공부를 책임진 것은 시강원 관리들이지만 입학례에서는 대제학*이 스승을 맡았다.

세자는 명륜당으로 올라가 스승 앞에 무릎을 꿇고 앉았다. 스승 앞에는 책상이 놓여 있었지만 세자는 바닥에 엎드린 채 강의를 들어야 했다.

세자가 신하인 대제학 앞에 엎드리다니, 입학례가 아니라면 상상도 할 수 없는 일이었다. 아무리 존귀한 세자라지만 이날만큼은 여느 평범한 학생처럼 스승에게 공경을 다하는 모습을 보이는 것이다.

세자는 스승과 함께 《소학》의 첫 부분을 공부했다. 명륜당에 함께 자리하고 있던 서연관들과 뜰에 늘어선 유생들은 세자가 의젓하게 수업을 받는 모습을 기쁘게 지켜보았다.

성균관 명륜당
서울 종로구 명륜동 성균관대학교 안에 있다.

● **대제학**: 홍문관과 예문관에 둔 정2품 벼슬. 성균관의 으뜸 벼슬인 지성균관사를 겸직하는 자리로, 나라의 학문을 책임진 최고 관리이다.

"세자 저하가 학문을 사랑하는 군주로 성장하시길……."

성균관 주변을 에워싼 백성들이 세자의 앞날을 축원했다.

입학례가 끝난 후 왕은 연회를 열어 관리들의 노고를 치하하고, 유생들에게는 특별 과거를 실시했다. 중죄인을 제외한 전국의 죄수들을 모두 풀어 주라는 사면령도 내렸는데, 왕실의 경사를 널리 알리고 만백성과 함께 기쁨을 나누려는 것이었다.

역사 속 세자를 만나다

역사 속 인물을 모시고 궁궐 이야기를 들어 보는 자리를 마련했습니다. 세자 중에서는 세종의 적장자로서 오랜 시간 세자 시절을 보냈던 문종을 만나 볼까요.

🎤 세자 자리에 몇 년이나 계셨나요? 꽤 길지 않았나요?

아버님이 즉위하고 3년 만인 1421년 세자 책봉을 받았는데, 1450년에 즉위했으니 거의 30년을 세자로 지낸 셈이군.

🎤 그렇다면 몇 살에 세자 책봉을 받으신 건가요?

여덟 살 때였네.

🎤 다들 그 나이 즈음에 세자 책봉을 받았나요? 또 세종께서 세자가 된 뒤 곧 즉위하는 바람에 제왕 수업을 거의 못 받아서 아들의 세자 책봉을 서둘렀다는 말이 있던데요?

딱히 그런 것은 아니네. 경우에 따라 조금씩 다르지만 세자 책봉은 원래 그 나이 즈음에 해. 입학례도 치르고 말이야.

🎤 세자가 할 일은 오직 공부뿐이라는 말이 있던데, 그 나이까지 계속 공부를 한 것이 힘들지는 않으셨나요?

다행히 내가 학문을 좋아해서 크게 힘든 점은 없었네. 그리고 공부만 한 것은 아니야. 세계 최초로 측우기를 발명한 사람이 나라는 사실을 아는가? 또 《오위진법》이라는 병법서도 편찬했고, 신기전 같은 무기도 개발했지. 부왕께서 과학과 문화의 꽃을 활짝 피우는 데 나도 크게 기여한 거야.

신기전
한 번에 불화살을 백여 발씩 쏠 수 있는 데다가 사거리도 2킬로미터가 넘었다.

🎤 즉위 전에 한동안 대리청정을 하셨더군요. 원래 세자는 정치에 참여할 수 없고, 왕도 특별한 사정이 없는 한 세자에게 정사를 맡기지 않은 걸로 아는데, 대체 세종께 무슨 문제가 있었던 건가요?

부왕의 건강이 무척 안 좋았다네. 눈이 잘 안 보이실 정도였거든. 그래서 왕위를 물려주려고 하셨지만 그런 망극한 일은 있을 수 없어 모두가 반대했고, 대신 대리청정을 하게 되었지.

🎤 대리청정을 하면 업무는 어떻게 처리하나요?

법령, 군사, 인사권 같은 중요한 일은 부왕이 직접 챙기셨고, 내가 처리하는 일이라도 당연히 부왕께 보고하고 허락을 받았지.

🎤 일을 하다 보면 부왕과 의견이 다른 경우도 있었을 텐데요?

바로 그 점이 무척 조심스럽고 힘든 일이었다네. 부왕과 사소한 입장 차이라도 보이면 자칫 부왕을 거역하는 것이 되거든. 이것은 불효이기에 앞서 반역이 될 수도 있어. 부왕께서는 왕으로 즉위하시고 나서도 정치적으로 예민한 문제는 한동안 상왕(태종)의 허락을 받는데, 다 그런 어려움 때문이 아니었겠나.

🎤 업무는 편전에서 보셨나요?

어찌 그런 망발을 하는가? 그것은 역모임을 모르는가? 세자는 당연히 동궁에서 업무를 처리하네.

🎤 세자로 지낸 시간에 비해 재위 기간은 무척 짧으셨네요.

그 점은 유감스럽게 생각하네. 학문에 몰두하느라 건강을 챙기지 못했어. 어린 아들을 두고 일찍 세상을 뜨고 말았으니……. 무릇 한 나라를 책임지는 군주라면 건강도 잘 챙겨야 하겠더군.

측우기
세종 23년(1441) 세계 최초로 만들었으며 지금은 헌종 3년(1837)에 다시 만든 것만 남아 있다.

궁궐 백과

❁ 세자의 다른 이름은 동궁

경복궁 비현각
세자가 평소에 업무를 보거나 공부하는 곳이다.

다음 왕위를 이어받을 세자는 왕실의 떠오르는 해와 같은 존재이다. 이런 의미로 세자의 처소는 궁궐의 동쪽에 두었다. 이곳을 동궁이라 하는데, 세자를 일컫는 말로도 쓰인다. 동쪽은 계절로 치면 봄에 해당하므로 춘궁이라고도 한다. 경복궁에서는 비현각과 자선당 일대, 창덕궁에서는 성정각 일대이다.

❁ 세자는 어떤 보살핌을 받았을까?

왕실에서는 원자가 태어나는 순간부터 전담 기관을 두고 각별히 보살폈다. 먼저, 보양청이 설치되어 원자의 일상생활과 교육을 함께 맡았다. 보양관들이 바른 말과 행동을 보여 원자가 자연스럽게 본받도록 하는 것이다.

원자가 4, 5세쯤 되면 강학청을 설치해 글공부를 시작했고, 세자로 책봉되면 시강원으로 바뀌었다. 세자에게 공부를 가르치는 서연관은 20명 정도의 학문과 덕망을 두루 겸비한 사람으로 뽑았다.

세자에게는 전용 호위 부대인 익위사도 따랐다. 익위사는 세자가 행차하는 곳이면 어디든 따라다니며, 세자에게 말타기와 활쏘기 등을 가르쳤다.

세자에게 임명장을 주는 책봉례

문효세자 책봉의례도
문효세자가 정조 8년(1784) 왕세자로 책봉될 때의 행사 장면을 그린 그림이다.

왕의 후계자가 정해지면 이를 공식으로 선언하는 의식을 치렀다. 궁궐 정전에서 문무백관과 종친들이 보는 가운데 왕이 세자에게 임명장을 주는 것인데, 이것을 세자 책봉이라고 한다. 세자로 임명한다는 사실을 대나무에 적은 죽책문, 세자에게 당부하는 글인 교명문, 세자를 상징하는 도장 등을 세자에게 수여했다. 세자 책봉례는 대개 만물이 싹트고 되살아나는 때인 봄에 치렀다.

세자는 어떤 공부를 했을까?

세자가 하는 글공부는 여느 학동들과 다르지 않았다. 먼저 《소학》, 《효경》, 《훈몽자회》, 《동몽선습》 등을 통해 기본 예절을 익혔고, 유교 경전인 사서삼경과 역사서를 공부했다.

왕세자 입학도
순조 17년(1817) 성균관에서 치러진 효명세자의 입학례를 기념하여 그린 그림이다.

세자의 공부에서는 특히 마음 수양이 강조되었는데, 왕의 덕성이 곧 백성들의 삶을 좌우하기 때문이었다. 왕은 모든 언행에서 만백성에게 모범을 보여야 했다.

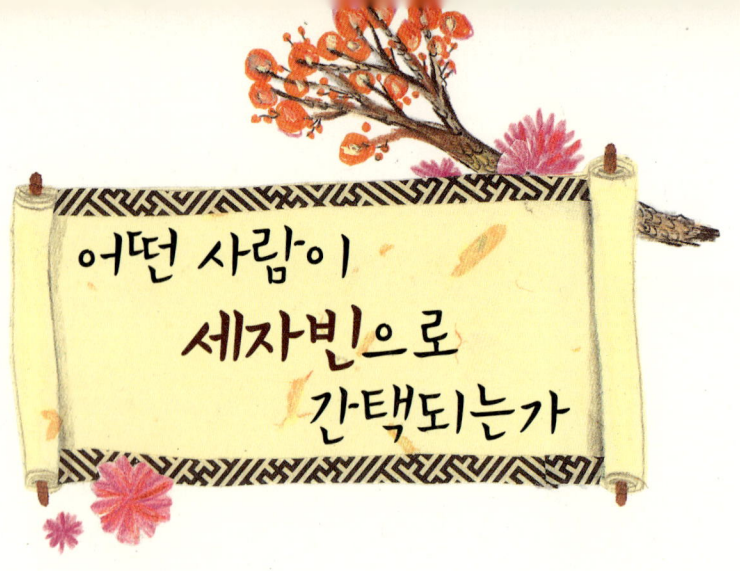

어떤 사람이 세자빈으로 간택되는가

전국의 규수들에게 금혼령이 내려졌다. 금혼령이란 혼인을 금지하는 것으로, 왕실의 자녀를 결혼시킬 때 그 배우자를 고르기 위해 일시적으로 내린다. 결혼 적령기에 있는 처녀총각이라면 누구든 왕자나 공주의 배필이 될 수 있으니 일단 기다리라는 것이다. 이번 금혼령은 세자빈을 간택하기 위한 것으로, 세자와 비슷한 나이의 10세에서 12세 사이의 규수들을 대상으로 했다.

이 나이대의 규수가 있는 집에서는 먼저 처녀단자를 올려야 했다. 처녀단자란 간택 대상이 되는 처녀의 신상을 적은 것으로 처녀의 사주•를 비롯해 아버지, 할아버지, 증조부와 외조부의 이력까지 기재했다.

● 사주 : 사람이 태어난 연·월·일·시 네 항목을 간지로 나타낸 것. 또는 이것을 근거로 하여 사람의 길흉화복을 점치는 일.

　성균관 유생 홍만지도 예조에서 내려 보낸 양식에 맞춰 딸 인선의 처녀단자를 적어 내려갔다.

　"이런저런 핑계로 단자를 올리지 않는 사람이 많다고 들었습니다."

　곁에서 지켜보던 부인 안씨가 조심스럽게 말을 꺼냈다.

　"비록 내가 출사를 못 하고 있지만 우리는 엄연한 사대부가요. 게다가 증조부께서는 판서까지 역임하셨던 집안인데, 어찌 전하를 속일 수 있겠소?"

　홍만지의 단호한 대답에 안씨 부인은 더 이상 말을 못 하고 가늘게 한숨만 내쉬었다.

● 출사 : 벼슬에 나아가는 것.

사실 양반들 중에는 간택에 참여하기를 꺼리는 사람이 많았다. 왕실과 인척이 되면 명예와 권세를 얻을 수 있지만 그만큼 권력 투쟁에 휘말릴 위험도 높았기 때문이다. 또 딸이 평생 구중궁궐에 갇혀 살아야 한다는 것도 부모들에게는 피하고 싶은 일이었다. 경제적인 문제도 컸는데 왕실 행사에 참여하려면 의복과 가마를 갖추어야 했고, 유모와 몸종의 차림까지 신경 써야 하는 등 이래저래 부담이 컸기 때문이다.

인선은 그날 저녁 어머니에게서 곧 자신의 처녀단자를 올릴 거라는 말을 들었다.

"그럼, 아가씨가 세자빈마마가 될 수도 있는 거예요?"

몸종 삼월이가 눈을 초롱초롱 빛내며 물었다.

"그런 존귀한 자리에 아무나 오른다든?"

인선이 어림없는 소리 말라는 듯 대꾸했다. 더욱이 인선은 세자빈이니 어쩌니 하는 것 이전에 혼인이라는 말 자체가 실감이 나지 않았다.

'내가 벌써 시집을 간다고? 어머니 품을 떠나고, 이 집을 떠나서?'

> **금혼령에서 제외되는 경우**
> 왕실과 혼인을 맺을 수 없는 가까운 촌수의 친인척들은 금혼령에서 제외되었다. 전주이씨를 포함한 모든 이씨 또한 제외였고, 부모 중 한 명이 없거나 첩의 딸도 제외되었다. 한양에서 너무 먼 지역 역시 금혼령에서 제외되었다.

인선은 갑자기 울컥한 마음이 들어 어머니 품에 와락 안겼다. 어머니는 말없이 인선의 등을 쓸어 주었다.

"초희 단자도 올린다더구나."

어머니의 말에 인선은 깜짝 놀라며 몸을 일으켰다. 초희는 안씨 부인의 친정 조카로, 인선에게는 이종사촌 언니였다.

"초희 언니는 김 진사댁 도련님이랑 혼인하는 거 아니었어요?"

"그야 김 도령을 염두에 두기는 했지만 정식으로 혼담이 오가지는 않았잖니."

인선은 초희의 처지가 자기 일처럼 안타까웠다. 초희가 평소 김 도령을 흠모했던 터라 부모들이 혼담을 넣는다는 말에 날 듯이 기뻐했는데, 금혼령이 내려지는 바람에 일이 꼬여 버린 것이다.

초간택일 아침, 인선은 곱게 단장을 하고 조심스레 집을 나섰다. 간택에 참여하는 규수들에게는 너나없이 다홍치마에 저고리삼작을 입으라

했고, 가볍게 분을 바르는 것 외에 화장은 허용되지 않았다. 유모 덕이 어멈과 삼월이도 말쑥하게 차려입고 인선이 탄 가마를 뒤따랐다.

가마가 간택 장소인 창덕궁 중희당 앞에 이르자, 궁녀들의 안내를 받은 규수들이 저마다 자리를 잡았다. 각 규수의 자리 앞에는 아버지의 이름이 쓰여 있었다. 한쪽에는 발이 쳐 있고 그 안에 대비와 중전, 임금의 숙부로서 종친부 수장인 무령대군이 앉아 있었다.

'그런데 초희 언니가 안 보이네. 초간택에 참여하라는 통보를 받았다고 했는데…….'

인선은 눈치껏 이리저리 두리번거려 보았지만 끝내 초희의 모습은 찾을 수 없었다.

잠시 후 궁녀들이 규수들 앞에 다담상을 하나씩 놓아 주었다.

"예까지 오느라 애쓰셨습니다. 긴장들 풀고 편히 쉬라 하십니다."

나이 지긋한 상궁이 규수들에게 대비의 말씀을 전했다. 하지만 규수들로서는 잔뜩 긴장될 수밖에 없었고, 시중을 드는 상궁과 나인들까지 자신들을 살피는 눈치라 가시방석에 앉은 기분이었다.

점심 식사로는 국수장국이 나왔고, 이 밖에 신선로에 김치와 화채 등이 곁들여졌다.

'하필 먹을 때 소리가 나는 국수를…….'

규수들은 난감했지만 그렇다고 점심을 들지 않으면 그것 또한 문제가

될 터였다. 이래저래 규수들에게는 어려운 자리였다.

점심상을 물리고 나자 대비가 부드럽게 말했다.

"나이 어린 규수들이 수고가 많구나. 내가 무얼 하나 물어 보려는데……."

규수들이 다소곳하면서도 긴장된 표정으로 대비 말에 귀를 기울였다.

"세상에서 가장 아름다운 꽃이 무엇이라고 생각하느냐? 내 앞에 앉은 규수부터 대답해 보거라."

"추운 겨울을 견디고 가장 먼저 봄을 알리는 매화입니다."

"꽃 중의 왕은 모란이 아닌가 하옵니다."

규수들이 저마다 꽃 이름을 말하는데, 인선은 자신의 차례가 되자 목화라고 대답했다.

"특별한 이유라도 있느냐?"

인선의 대답에 대비는 호기심이 생기는 듯했다.

"목화로는 옷을 지어 온 백성을 따뜻하게 할 수 있기 때문입니다."

조리 있는 대답에 고개를 끄덕이던 대비는 인선의 앞에 쓰인 홍만지라는 이름을 보더니 빙그레 웃었다.

시간이 어떻게 흘렀는지도 모르게 하루를 보내고 돌아온 인선을 안씨 부인은 따뜻하게 맞아 주었다.

"아가씨! 글쎄 초희 아가씨가 어젯밤에 마루에서 굴렀다지 뭐예요."

인선이 옷을 갈아입고 있는데 삼월이가 어느 틈에 들고 왔는지 초희 소식을 알려 주었다.

"정말? 많이 다쳤대? 그래서 오늘 안 보였구나."

삼월이가 이것저것 들은 이야기를 인선에게 전하고 있는데, 옆에서 인선의 옷을 정리하던 덕이 어멈이 들릴 듯 말 듯 중얼거렸다.

"초희 아가씨가 눈치 빠르고 총명한 줄은 알았는데 용감하시기까지 하구나."

며칠 후 홍만지의 집으로 대비전 임 상궁이 찾아왔다. 홍만지는 당황해 어쩔 줄 모르며 임 상궁 일행을 맞이했다. 임 상궁은 일부러 인선을 찾더니 두 손을 꼭 잡아 주었다.

"과연 고운 규수십니다. 눈에는 총기가 가득하시니 웃전의 말씀이 과연 옳습니다."

인선이 무슨 일인가 싶어 어머니만 쳐다보는데, 임 상궁과 함께 온 궁녀들도 기쁨과 호기심이 섞인 얼굴로 인선에게 인사를 했다. 인선은 어찌할 바를 몰라 고개만 푹 숙이고 있었다.

임 상궁 일행이 돌아간 뒤 홍만지는 깊은 생각에 잠긴 채 방에서 나올 줄을 몰랐다. 안씨 부인 또한 이런저런 생각이 많은 것 같았다. 인선은 느닷없이 무거워진 부모의 표정에 더럭 겁이 났는데, 집안은 인선 아가씨가 세자빈마마가 되었다는 소식으로 술렁거렸다.

사실 왕은 벌써부터 홍만지의 딸을 세자빈으로 점찍어 둔 터였다. 왕은 작년에 성균관을 찾았을 때 홍만지를 알게 되었다. 대대로 조정의 중신으로 출사했던 집안이고, 그 증조부가 선대왕의 경연관을 지낸 홍필이었음을 알고 반가워 이야기를 나누던 중 세자 또래의 딸이 있음을 알게 된 것이다.

마침 처녀단자가 올라와 대비와 뜻을 맞추었고, 직접 보니 규수 또한 단아해 흡족한 마음으로 결정할 수 있었다. 임 상궁이 홍만지를 찾아온 것은 바로 임금의 의중을 전하기 위해서였다.

사실상 세자빈은 결정되었지만, 그럼에도 간택은 계속 진행되었다. 간택을 3차에 걸쳐 실시함으로써 그만큼 공정함을 기했다는 점을 강조하기 위해서였다. 간택을 격식대로 진행하며 왕실의 경사를 널리 알리려는 의미도 있었다. 사람들이 간택에 참여하기를 꺼렸던 데에는 사실 이렇게 세자빈이 내정된 상태에서 진행되는 일에 들러리를 서기 싫다는 마음 때문이기도 했다.

가례도감이 설치되었고 이후 과정은 일사천리로 진행되었다. 재간택에서 최종 후보 3명이 뽑혔고, 이 규수들 외에는 혼인이 허락되었다.

삼간택 날에 드디어 인선이 최종 낙점자로 발표되었다. 그러자 함께 최종 후보에 올랐던 다른 규수들이 인선에게 큰절을 올렸다. 이제부터 인선은 미래의 국모로서 그 규수들과 신분이 달라진 것이다.

"비씨께서는 이제 새 옷으로 갈아입으소서."

상궁과 나인들이 인선에게 다가와 금수복자가 새겨진 초록원삼을 입혀 주었다.

비씨란 최종 간택된 규수를 부르는 호칭이다. 아직 혼례를 치르기 전이라 정식 세자빈은 아니니 따로 호칭을 붙이는 것이다.

궁녀들이 인선을 별궁인 어의궁으로 모시고 갔다. 비씨는 자신의 집이 아니라 왕실에서 마련해 준 별궁에서 지내며 혼례 준비를 했다. 혼례를 치를 때 신부 집에서 신랑을 맞이해야 하는데, 세자를 일반 사가에서 맞으면 격이 맞지 않기 때문이었다. 또 새로운 세자빈이 궁중 법도를 익히며 국모로서의 교육을 받기 위한 것도 있었다.

인선은 자신의 앞날이 어찌 될지, 기쁨보다는 두려움이 가득한 마음으로 어의궁으로 들어섰다.

Q&A 역사 속 세자빈을 만나다

역사 속 인물을 모시고 궁궐 이야기를 들어 보는 자리를 마련했습니다. 세자빈 중에서는 사도세자의 부인이자 정조의 생모이고, 궁중 문학 중 하나인 《한중록》으로 널리 알려진 혜경궁 홍씨를 만나 볼까요.

🎤 **세자빈으로 간택된 게 열 살 때던데, 그 나이에 궁궐 생활을 하는 게 어렵지 않았나요?**

정말이지 어린 나이에 아무것도 모른 채 세자빈이 되었다네. 그때는 궁궐 생활이 얼마나 힘들까 하는 걱정보다 부모님과 헤어져야 한다는 슬픔이 더 컸던 것 같아. 간택되어 별궁으로 떠나던 날 어머니가 따라오려 했더니 최 상궁이 어머니를 가차 없이 돌려보내더구먼. 당연한 조치였겠지만 당시에는 최 상궁이 얼마나 원망스러웠는지 모른다네.

🎤 **간택에 참여할 당시 집안 형편은 어땠나요?**

아버님이 벼슬에 나아가기 전이라 매우 어려웠어. 옷을 장만하는 것조차 부담이었는데, 언니 혼수에 쓰려던 천으로 치마를 만들었을 정도라네. 어머니께서 빚을 얻어 가며 준비하시느라 고생이 많으셨지.

🎤 **세자빈으로 정해졌다는 사실을 언제 알았나요?**

초간택에서 주상 전하를 비롯한 왕실 어른들이 특별히 사랑해 주셨고, 궁인들도 서로 나를 안으려 하더군. 그러더니 다음 날 아버님이 내가 일등에 올랐다고 하시면서 괜히 단자를 올렸다고 후회하셨다네.

🎤 **초간택에서 결정되었다면, 한 번 보고 결정하셨다는 건가요?**

주상 전하께서 아버님과의 인연 때문에 그리 결정하신 걸로 알고 있네. 사도세자께서 관례를 치른 기념으로 성균관에서 과거를 치를 때 주상께서 당시 성균관 학생 대표였던 아버님을 처음 보셨다더군. 우리 고조부가 인목대비의 사위셨는데 그 인연도 크게 작용했을 게야.

🎤 세자빈이 되었다는 게 언제 가장 실감 나던가요?

재간택 후 집에 갔더니 아버님께서 날 어려워하시더구먼. 부모님과 일가 어른들이 모두 내게 존대를 하셔서 정말 당황스러웠다네.

🎤 아버님을 대하는 주변 사람들의 태도도 변했을 것 같은데요?

갑자기 찾아오는 사람들이 많아지더군. 입궐 전에 나를 만나 보겠다는 친척들도 많았고. 우리 집이 가난해서 왕래도 않던 사람들인데……. 세상인심이란 이런 것인가 하는 생각이 들더군.

🎤 세자빈 자리가 부귀영화만 보장되는 건 아닐 것 같아요.

맞아. 당쟁에 휘말리기도 쉽고, 정치가 어지러울 때에는 그 희생양이 되기도 하지. 나 역시 당쟁의 와중에 세자 저하가 돌아가시는 비극을 겪지 않았나.

🎤 정말 마음고생이 심하셨겠네요.

그 참담한 심정을 어찌 다 말할 수 있겠나? 사도세자께서 그리 가신 것은 지금까지도 가슴에 한으로 남아 있다네. 그래도 영조께서 궁궐에 남아 있도록 배려해 주셨고, 끝내는 내 아들이 즉위했으니 그나마 다행이었지. 게다가 정조께서는 역사에 길이 남을 효자셨으니 그것으로 위안을 삼을 뿐이라네.

봉수당진찬도
화성 행궁의 봉수당에서 벌어진 혜경궁 홍씨의 회갑 잔치 모습을 그린 것이다.

궁궐 백과

❖ 간택 제도는 언제부터 실시했을까?

간택단자
한글로 쓴 간택단자로 처자 1명당 2줄씩 본인과 아버지, 할아버지에 관한 기록이 있다.

왕비나 세자빈을 뽑는 간택 제도는 조선 태종 때 시작되었다. 왕비와 세자빈을 뽑기 위한 절차였지만 실제로는 왕실 자녀의 혼사에 모두 적용되었다. 초기에는 간택사를 지방에 보내 마땅한 처녀를 물색하는 방식이었다가 중종이 계비를 맞아들일 때부터 처녀단자를 받기 시작했다. 삼간택 형식이 굳어진 것은 인조 때이다. 하지만 간택은 형식상의 절차일 뿐 내정된 경우가 많았고, 특히 조선 후기에는 보여 주기 행사로 진행되었다.

❖ 어떤 사람을 세자빈으로 뽑았을까?

세자빈은 장차 국모가 될 사람이므로 선발 기준이 엄격했다. 집안을 볼 것인가 인물을 볼 것인가가 관건이었는데, 집안을 보고 그 딸을 골라야 한다는 주장도 있었고, 본인의 됨됨이가 중요할 뿐 반드시 부모를 들출 필요는 없다는 주장도 있었다. 혈통과 가문은 좋지만 현재 재산과 권력이 없는 집안과 단아한 용모에 국모로서의 덕을 갖춘 규수를 선호했다. 하지만 원칙은 원칙일 뿐, 대개는 정치적 인맥에 따라 결정되곤 했다.

가례도감 설치하고 의궤 만들기

왕실 혼례식은 가례도감에서 담당했으며 초간택이 끝난 뒤 설치되었다. 가례는 왕실의 혼례를 일컫는 말이고, 도감은 나라에 일이 있을 때 임시로 설치하는 관청이다. 가례나 국상 같은 의례는 물론 실록을 제작하거나 각종 공사와 잔치를 벌일 때에도 도감이 설치되었다. 도감에서는 일의 진행 과정을 상세히 기록한 의궤를 작성해 남겼다.

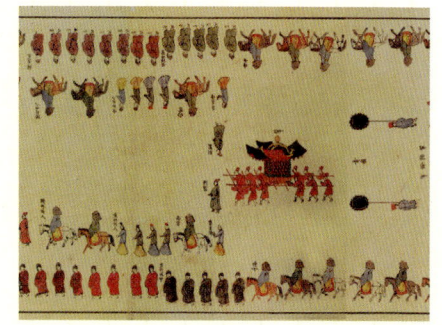

반차도 속 왕비의 행렬
조선 21대 왕 영조가 어린 왕비 정순왕후와 혼례하는 모습을 그린 그림이다.

가례를 올리기 전에 책봉부터 받기

안국동 별궁
현존 유일의 왕실 별궁 건축물이자 순종의 혼례 장소였던 안국동 별궁은 현재 충남 부여에 있는 한국전통문화학교로 이전 복원되었다.

혼례는 보통 신부 집에 청혼 편지 보내기, 혼인 날짜 잡기, 예물 보내기 등을 거쳐 신랑이 신부 집에 가서 신부를 데리고 오는 친영으로 이루어진다. 왕실 혼례 역시 이 절차를 따르는데, 혼례 직전에 먼저 세자빈으로 책봉하는 의식이 더해진다. 이것은 왕비를 새로 간택할 때에도 마찬가지이다.

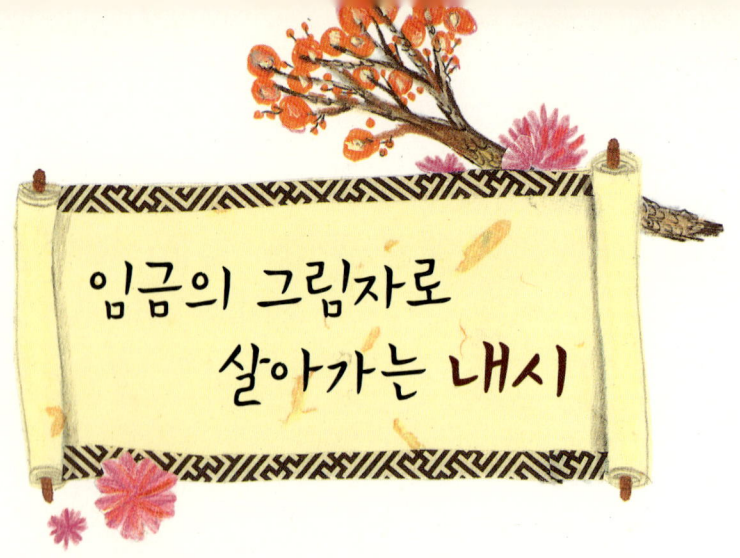

임금의 그림자로 살아가는 내시

궁궐을 향해 바쁘게 걸음을 옮기던 박 충선 내관이 문득 걸음을 멈추고 고개를 들어 인왕산을 바라보았다. 아침까지 비가 와서 그런지 인왕산 바위들이 막 세수를 마친 것처럼 말갛게 씻겨 있었다.

"비 그친 뒤 인왕산은 언제 봐도 좋단 말이야."

박 내관이 혼자 빙그레 웃으며 중얼거렸다. 영추문에 거의 다다랐을 때 맞은편에서 최 내관이 걸어왔다.

"양천에 갔던 일이 잘 되었나 보구려."

박 내관의 물음에 최 내관이 빙긋 웃어 보였다.

● **사역원** : 조선 시대에 외국어의 번역 및 통역을 맡아보던 관아.

"다행히 올해는 웅어가 이른 봄부터 잡힌다는군요."

최 내관이 맡은 직책은 설리로, 왕에게 올리는 음식을 책임지는 자리였다. 설리로 일하다 보면 직접 음식 재료를 구하러 나서기도 했는데, 이번에 임금께서 특별히 웅어를 찾으신다며 양천현에 가 보겠다더니 성과가 좋았던 모양이다.

두 사람은 영추문을 지나 빈청 앞을 지나다 형조 참판과 마주쳤다. 형조 참판이 박 내관에게 사근사근하게 아는 체를 했다.

"어딜 다녀오시는 길인가?"

"사역원•에 어명을 전하고 오는 길입니다."

형조 참판이 별 중요하지 않은 인사말을 건네며 시간을 끌자 최 내관이 먼저 자리를 떴다. 형조 참판은 그제야 넌지시 박 내관에게 물었다.

"이번에 잡인들이 무단으로 궁궐 문을 들어왔던 일에 대해 전하께서 뭐라 하시던가? 정말 엄벌을 내리실 분위기던가?"

얼마 전 궁궐 수비가 잠시 허술한 틈을 타 백성 몇 명이 억울한 일을 호소하겠다며 광화문 안으로 들어온 적이 있었다. 다행히 흥례문을 넘기 전에 저지당했지만, 만일 그들이 역모꾼이었으면 어쩔 뻔했느냐며 임금이 불같이 화를 낸 일이 있었던 것이다.

"그날 이후로 별다른 말씀은 없으셨습니다."

박 내관이 무덤덤하게 대답하자 그제야 형조 참판은 안도하는 표정으로 박 내관을 놓아주었다.

"나중에 출번하거든 술이나 한잔하세나."

형조 참판은 흠흠 헛기침을 하더니 다시 빈청으로 돌아갔다.

빈청

정승이나 판서 같은 고위 관료들이 모여 회의를 하는 곳. 의정부나 육조 같은 관청이 궐 밖에 있었기 때문에 궐 안에 따로 회의실을 설치했다. 왕의 비서실에 해당하는 승정원과 가까운 곳에 있었다.

창덕궁 내에 있는 빈청은 현재 현대식 카페로 개조돼 사용되고 있다.

형조 참판처럼 박 내관에게 말을 걸어오는 관리들이 종종 있었다. 물론 그 이유는 박 내관이 임금을 가까이 모시는 자리에 있기 때문이다.

내시들은 임금을 곁에서 모시다 보니 대전에서 일이 돌아가는 상황이나 임금의 기분을 잘 알 수 있었다. 그러다 보니 어떤 일을 처리할 때 미리 임금의 의중을 알아보고자 내시들을 통하려는 관리들이 있었다. 특히 박 내관처럼 왕의 심부름을 맡아하는 승전색은 대전의 소식을 들을 수 있는 좋은 통로였다.

내시들에게 잘 보이려고 선물을 주거나 술대접을 하는 관리들도 있었는데, 이런 일은 자칫 뇌물로 문책을 당할 수도 있어 잘 처신해야 했다.

박 내관이 대전으로 들어서는데 왠지 분위기가 심상찮았다. 대신들과 사헌부 관리들까지 함께 와 있었고, 임금은 잔뜩 얼굴이 굳어 있었다.

얼마 전 한성부판윤● 민무유가 지역을 순시할 때 지나치게 백성들에게 부담을 주었다며 당장 파직해야 한다고 사헌부에서 탄핵을 했다. 민무유는 임금의 세자 시절 스승이었고, 선대왕이 급작스럽게 돌아가시고 어린 나이에 즉위했을 때 많이 의지했던 인물이다. 왕은 당연히 민무유를 크게 신임했고 웬만한 잘못은 그냥 넘어가곤 했다. 이번 일 역시 파직까지 할 정도는 아니라며 "번거롭게 하지 말라."는 말만 되풀이하던 터였다.

임금은 이번에 대신들이 민 판윤의 처벌을 강하게 주장하는 것에 대해

● **한성부판윤** : 조선 시대 한성부를 다스리던 정2품 관직으로 지금의 서울 시장에 해당한다.

은근히 자신의 측근을 견제하는 것이라 생각해 불쾌하게 여기고 있었다.

박 내관이 '또 그 문제인가?' 생각하며 들어서는데 임금이 벼락같이 소리를 질렀다.

"박 내관 네 이놈!"

난데없는 호통에 박 내관은 어안이 벙벙했다.

"다시는 민 판윤의 일로 번거롭게 하지 말라고 분명히 전하라 하지 않았느냐! 그런데도 대신들이 내 앞에서 또 그 일을 논하다니, 네 놈이 말을 제대로 전하지 않은 게로구나!"

임금의 불호령에 야단을 맞은 박 내관은 물론 대신들까지 움찔했다.

"무얼 하고 있는 거냐? 이놈을 당장 끌어내지 않고!"

다시 임금이 소리치자 상선대감이 들어와 박 내관을 거칠게 잡아끌었다. 박 내관은 감히 대꾸할 엄두도 못 내고 그대로 끌려 나왔다.

"공연히 자네가 고초를 겪는구먼."

상선대감은 대전 밖으로 나오자마자 거칠게 당기던 손을 풀더니 어깨를 토닥여 주었다. 박 내관은 그저 가늘게 한숨을 토할 뿐이었다.

박 내관은 잠시 대전 밖을 서성이다가 대신들이 돌아가자 다시 들어가 문 앞에 대기했다.

"전하께서 불같이 화를 내며 승전색을 내치기까지 하시니 다들 움찔해 한발 물러섰답니다."

지밀상궁이 조심스럽게 상황을 알려 주었다.

사실 임금은 대신들의 입을 막기 위해 박 내관에게 비난의 화살을 돌렸을 뿐, 진짜로 벌을 줄 생각은 아니었다. 그 사실을 박 내관도 모르는 바는 아니었다.

이번처럼 임금과 대신들이 힘겨루기를 하는 중에 엉뚱하게 내시들에게 불똥이 튀는 경우가 종종 있었는데, 임금을 가까이 모시다 보니 겪는 일이라고 스스로 위안할 뿐이었다.

아니나 다를까, 얼마 지나지 않아 임금이 박 내관을 찾았다. 임금은 아무 일도 없었다는 듯 태연하게 심부름을 시켰고, 박 내관 역시 평소처럼 어명을 받들었다.

취운당 근처를 지나는데 몇 걸음 떨어진 곳에서 어린 궁녀가 두리번거리는 것이 보였다. 열 살 남짓으로 보이는 걸 보아 입궁한 지 얼마 안 된 아기나인이 길을 헤매는 모양이었다. 아기나인은 박 내관을 보더니 놀라서 고개를 숙인 채 후다닥 골목으로 사라졌다. 그 모습을 보고 박 내관의 입가에 슬며시 미소가 번졌다.

박 내관도 처음 입궐했을 때에는 복잡한 궁궐 안에서 곧잘 길을 잃곤 했다. 전각들이 가득 들어차 있고 처소마다 담장이 둘러져 있는 궐 안은 길이 복잡해서 마치 거대한 미로 같았다. 한동안은 궐내 전각들의 이름과 위치를 익히는 데만도 꽤 애를 먹었던 것이다.

"그러고 보니, 수동이는 잘 하고 있으려나."

박 내관은 문득 얼마 전 입궐시킨 양자 수동이가 생각나 중얼거렸다.

내시도 여느 사대부들처럼 결혼을 해서 가정을 이루었고 자식을 통해 대를 이어 갔다. 물론 친자식을 낳을 수 없으니 양자를 들였는데, 가업을 이을 수 있도록 고자인 아이를 데려왔다. 대개는 개에 물리거나 사고를 당해 고자가 된 경우였다. 또 내시가 양자를 들이려면 죄인이나 병자가 없는 집안의 아이를 데려와야 했기 때문에 이래저래 조건에 맞는 아이를 찾는 일이 쉽지 않았다.

"저희 살림에 입 하나 줄이는 게 어딥니까요. 게다가…… 관리가 될 수 있으니 저 아이한테도 잘된 일입지요."

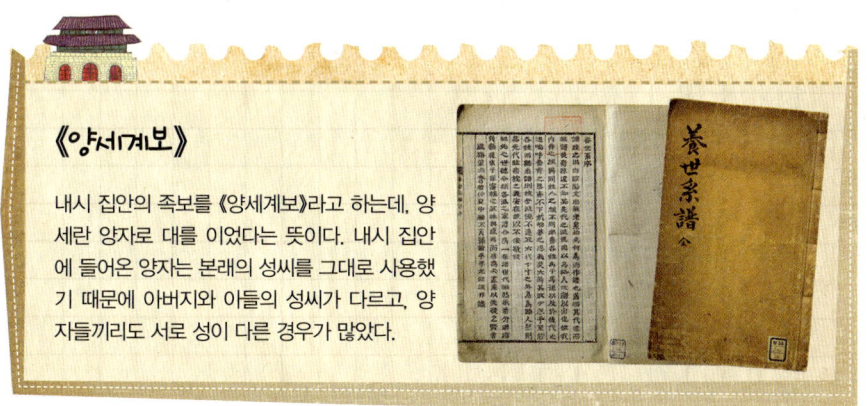

《양세계보》

내시 집안의 족보를 《양세계보》라고 하는데, 양세란 양자로 대를 이었다는 뜻이다. 내시 집안에 들어온 양자는 본래의 성씨를 그대로 사용했기 때문에 아버지와 아들의 성씨가 다르고, 양자들끼리도 서로 성이 다른 경우가 많았다.

수동이를 데려오던 날 그 아비는 이렇게 이야기하며 아들을 보내는 허전함을 애써 달랬다.

집에 데리고 온 날 수동이는 꾀죄죄한 행색에 주눅 든 모습이었다. 처음에는 눈치만 보고 말도 잘 안 하더니 시간이 좀 지나자 박 내관을 아버님이라 부르며 따랐고 다행히 성품도 무던했다. 그런데 글공부를 영 어려워하는 눈치라 그것이 걱정이었다.

내시도 어엿한 나라의 녹을 받는 관리이고, 더구나 궁궐에서 일을 하려니 글을 알아야 했다. 아니, 글을 아는 정도가 아니라 유학에 대해 기본적인 소양은 갖추어야 했다. 소학이나 삼강행실 같은 기본서는 물론이고 최소한 유교 경전인 사서 정도는 익혀야 했다.

내시들은 공부한 내용을 가지고 매달 한 차례 시험도 치렀는데 성적이 좋으면 승진에 유리했다. 관리들은 일정한 근무 일수를 채워야 품계가 올라가는데, 시험 성적이 좋으면 그 수를 더해 주었기 때문이다. 반대로 성적이 나쁘면 근무 일수를 뺐으니 공부를 게을리 하면 품계가 낮을 수밖에 없었다. 그렇다고 평생 시험에 시달리는 것은 아니고 35세가 되면 시험을 면제해 주었다.

박 내관은 근무도 성실히 했고 시험 성적도 나쁘지 않아 차근차근 정4품 상전까지 품계가 오를 수 있었다. 그런데 앞으로 어떻게 될지는 알 수 없었다.

4품까지는 누구든 착실하게 근무하면 올라갈 수 있었지만 3품 이상은 임금이 특별히 허락해야 하기 때문이다. 그러니까 얼마나 임금의 마음에 들었느냐가 관건이었다.

내시부의 우두머리는 종2품인 상선이다. 종2품이면 관리로서 상당히 높은 품계이다. 그런데 상선은 품계도 품계지만 왕의 신임을 받는 자리인데다 대궐 안의 모든 일을 훤히 꿰뚫고 있는지라 대신들도 함부로 하지 못했다.

지금 상선 자리에 있는 임대수는 선대왕 때부터 신임을 받던 자로 어명을 받들어 비밀리에 관리들의 비리를 감사한 적도 있었다. 대를 이어 왕의 총애를 받는 임대수는 그야말로 정승 부럽지 않은 위세를 누리고 있었다.

"상선 자리까지야 감히 어렵다 쳐도, 수동이가 진급이라도 착실하게 해 주면 좋으련만……. 아 참!"

멍하니 생각에 잠겨 있던 박 내관은 문득 자신이 심부름 중이었던 것이 떠올라 다시 발걸음을 재촉했다.

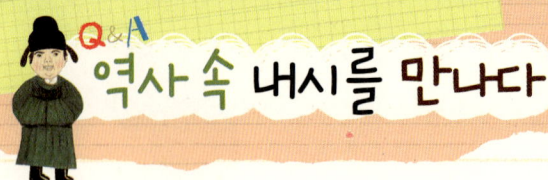
역사 속 내시를 만나다

역사 속 인물을 모시고 궁궐 이야기를 들어 보는 자리를 마련했습니다. 내시 중에서는 연산군의 폭정에 맞서 직언을 하다가 죽임을 당한 김처선을 만나 볼까요.

어느 어느 임금을 모셨나요?

세종부터 연산군까지 일곱 분의 임금을 모셨다네.

평생 궁궐을 떠나지 않으셨군요?

그건 아닐세. 세조가 계유정난으로 권력을 잡았을 때 내시들을 대부분 귀향시키거나 유배 보낸 적이 있거든.

그런데 다시 불러들인 건가요?

단종을 모시던 사람들이라 아무래도 껄끄러워서 내보냈을 텐데, 실제 궁궐에서 생활하려니 우리 내시들 없이는 많이 불편하셨겠지. 왕실을 위해 온갖 자질구레한 일을 처리하는 게 우리 아닌가.

다시 입궐한 후 생활은 어땠나요?

세조 때는 정말 힘들었다네. 툭하면 매를 맞고 벌을 받았는데, 내가 술을 먹고 실수한 적도 있었지만 억울한 적도 많아. 어쨌든 그 때 일은 얘기하고 싶지 않군. 하지만 성종께서는 나를 무척 아껴 주셨다네. 그래서 승하하신 후 시릉내시도 지냈고.

시릉내시가 무엇인가요?

부모 돌아가시면 3년간 시묘살이를 해야 하지만 국왕이 나랏일을 두고 그럴 수는 없지 않나? 그래서 가장 신임하던 신하가 그 일을 하는데 바로 내가 그 일을 한 거라네. 궁궐로 돌아왔을 때 연산군이 수고했다며 말을 하사해 주었고, 내가 맡았던 상선 자리도 비워 두었다가 다시 맡겨 주시더군.

연산군에게도 총애를 받은 거네요. 그런데 연산군은 내관들에게 특권을 많이 줬다면서요?

그게 다 자신의 폭정을 감추기 위한 것 아니겠는가? 역사에도 기록되어 있지만, 그런 난폭한 임금은 세상에 또 없을 거네. 오죽하면 내시인 내가 죽음을 무릅쓰고 꾸짖었겠나?

모시는 내시들이 그런 마음을 가지면 부작용이 크지 않겠나. 그래도 뒤늦게나마 영조께서 내 충심을 알아주셨으니 감사한 마음이라네. 왕의 최측근에 있되 그림자처럼 티 내지 않고 왕을 모시는 것, 그것이 내시부 관리들의 역할이니 그것으로 만족하네.

🖊 **그 대가가 너무 가혹했던 것 같아요.**

직접 칼을 뽑아 나를 베는데, 그 잔인함에 어린 독자들이 충격을 받을 것 같아 자세히는 얘기하지 않겠네. 우리 가족을 몰살한 것은 물론, 심지어는 내 이름에 들어간 처(處) 자랑 선(善) 자도 못 쓰게 했다더군. 그래서 24절기 중 하나인 처서(處暑)를 조서(徂暑)로 바꿨다나.

🖊 **중종반정으로 연산군이 쫓겨난 후에는 명예 회복이 되지 않았나요?**

그러긴 했지만 내시들에 대한 편견은 여전했어. 중종은 신하가 내 행동을 칭찬하자 술에 취해 실수한 거라고 일축했다더군.

🖊 **무척 서운하셨겠네요?**

아마도 우리들의 기를 살리지 않으려는 거겠지. 칭찬을 듣거나 떠받들리면 방자해지기 쉬운 게 사람 심리인데, 왕을 가까이

덕고개
내시 김처선은 이곳 덕고개에서 세종 때 태어났다. 충남 연기군 전의면에 있다.

궁궐 백과

내시의 역할은 무엇일까?

　조선 시대 최고 법전인 《경국대전》에 규정된 내시부의 임무는 음식물 감독, 왕명 전달, 궐문 수비, 청소이다. 왕의 수라상을 준비하는 사람은 많지만, 그 일을 총괄하고 책임지는 것은 내시부 우두머리인 상선이다. 왕명 출납을 담당하는 기관은 승정원이지만 그 사이에서 문서를 전달하거나 구두로 어명을 전하는 것은 내시들이었다. 무관들이 궁궐을 지키긴 했지만 왕의 사생활 공간까지는 들어올 수 없었고, 이곳을 지키는 것은 내시들 몫이었다. 내시 중에는 무예에 뛰어난 사람이 제법 많았다. 또한 궁궐 안의 청소를 담당하고 대전 일대를 늘 청결하게 유지하는 것도 내시들 일이었다.

왕실 가족을 위해 일하는 내시

내탕고
조선 시대 금·은·비단·포목 등 왕실의 재물을 보관하던 곳간이다.

　내시들은 법에 규정된 일 외에도 왕과 그 가족을 위해 온갖 일을 도맡아 했다. 왕실 재산인 내탕고를 관리하는가 하면, 결혼해서 분가한 왕자, 공주의 살림을 맡아 보기도 했다. 때로는 왕의 비밀 명령으로 관리들의 비리를 감시하기도 했고, 궁녀들을 감독하는 것도 내시부 일이었다.

🌸 내시와 환관은 어떻게 다를까?

내시는 본디 왕의 측근에서 일하는 사람을 뜻하고, 거세된 관리를 뜻하는 말은 환관이다. 고려 시대만 해도 내시는 왕 가까이에서 중요 업무를 처리하는 핵심 관리로서 주로 명문가 출신이나 과거 급제자들이었다. 그러다 고려 말에 중국의 영향을 받아 내시부를 환관들이 차지하기 시작했고, 조선에서는 아예 환관들로 내시부를 구성해 두 말이 같은 뜻처럼 쓰이게 되었다.

안향 영정
고려 말 주자학을 들여온 안향도 내시 출신이었다.

🌸 내시는 궁궐에서 살았을까?

내시부 관아는 궐 밖에 있었고, 궐 안에는 출장소로 내반원을 두었다. 내시들은 대개 하루씩 입번(근무)과 출번(휴무)을 반복하며 일했다. 언제든 왕명을 받들어야 하는 일의 특성상 아예 궁궐에서 먹고 자는 경우도 있었는데, 이것을 장번이라고 했다. 장번은 대전과 동궁에만 있었고, 일정 기간 근무하면 집에 돌아가 쉴 수 있었다.

내반원 터
내반원은 지금은 남아 있지 않고, 위 경복궁 배치도의 동그라미 표시된 자리에 있었다.

궁궐의 으뜸 일꾼 궁녀

한양 도성의 진산*으로 경복궁 뒤를 든든히 받쳐 주고 있는 백악산에 단풍이 들기 시작했다. 알록달록 고운 빛깔을 품은 가을 햇살이 부드럽게 궐 안에 퍼져 나갔다.

방에서 소설책을 읽던 소이가 문을 열고 고개를 치켜들었다.

"아! 단풍이 곱게도 들었네!"

소이는 읽던 책을 덮고 산책을 나갔다.

소이는 중궁전의 생과방에서 일하는 궁녀이다. 궁녀들은 하루 일하고 하루 쉬는 식으로 근무를 해서 여유 시간이 제법 많은 편이었다. 게다가 생활에 필요한 잡다한 일은 비자가 해 주기 때문에 소이는 쉬는 날이면

● 진산 : 도읍지나 고을의 뒤에 있으며 그 지역을 지켜 준다고 생각되던 산.

책을 읽거나 바느질을 하면서 여유롭게 보냈다. 방 동무 계심이는 오늘 일을 하는 날이었다.

"항아님, 안녕하세요?"

아기나인 둘이 뭐가 그리 즐거운지 까르르거리며 지나가다 소이를 보고 꾸벅 인사를 했다.

재작년에 입궐한 업이와 개똥이였다. 처음에는 조그만 일에도 눈물을 찔끔거리고 엄마가 보고 싶다며 울먹거리더니 이제는 제법 의젓해졌다. 집이 그립다며 울먹이는 업이와 개똥이를 보며 소이는 자신이 입궐했을 때가 생각나 동생처럼 돌봐 주곤 했다.

소이가 궁녀가 된 것은 어려운 집안을 거들기 위해서였다. 소이네는

> ### 궁녀의 보수
> 궁녀는 곡물로 월급을 받았고, 봄·가을에는 옷감을 따로 받았다. 또 명절이나 궁궐에 행사가 있을 때는 특별 하사품이 나오기도 했다. 고종 때 궁녀들에게 지급한 월급 명세서를 보면 가장 적게 받은 궁녀가 쌀 4말, 콩 1말 5되, 북어 13마리를 받았다. 가장 많이 받는 제조상궁의 월급은 쌀 25말 5되, 콩 6말, 북어 110마리였다.

땅 한 뙈기 없이 식구들 입에 풀칠하기도 버거운 형편이었다. 내수사*에 드나드는 친척이 중궁전에서 궁녀를 뽑는다는 소식을 알려 주자 소이는 식구들을 위해 궁에 들어가겠다고 했다.

"한번 들어가면 죽을 때까지 나올 수 없다던데······."

소이가 입궐하던 날 부모님은 닭똥 같은 눈물을 뚝뚝 흘렸지만, 덕분에 동생들은 배 곯지 않고 살 수 있었다. 소이가 받는 월봉은 고스란히 집으로 보내졌다. 일상에 필요한 음식이며 옷가지는 궁궐에서 해결되었기 때문에 모두 집에 보내도 큰 불편은 없었다. 이제는 집에 땅도 조금 마련했고 동생들도 의젓하게 자라 부모님을 편히 모실 수 있으니, 소이는 입궐하기 잘 했다며 자신을 위로하곤 했다.

때로는 대궐 담이 감옥처럼 느껴지기도 했지만, 자신이 나가지 못하는 대신 가족이 가끔 궐에 들어와 만날 수 있었다. 이런 방문은 여자들에게만 허락되어 남동생들을 만날 수는 없었지만 어머니라도 뵐 수 있으니 다행이었다.

소이도 궐 생활 초반에는 눈물깨나 흘렸었다. 궁중 법도가 워낙 엄한 데다 위로는 선배 나인들과 상궁들까지 층층시하에서 숨도 제대로 못 쉴

● 내수사 : 궁궐에서 쓰는 각종 물품 및 왕실 재산을 관리하던 관아.

지경이었다. 눈 한 번 잘못 떠도 회초리, 말씨가 공손치 못하다고 회초리, 이래저래 종아리를 맞기 일쑤였다.

생전 처음 들어 보는 어려운 궁중 용어를 익히는 것도 곤욕이었고, 말한마디가 조심스러워 아예 벙어리처럼 지내기도 했다.

새로 입궐한 나인들은 선배 상궁들이 한 명씩 맡아서 가르쳤는데, 소이도 자신을 가르치던 유 상궁에게 무던히도 혼났었다. 그래도 유 상궁은 따끔하게 야단을 치다가도 필요할 때는 어머니처럼 소이를 보듬어 줘서 지금도 소이는 유 상궁을 어머니처럼 따랐다.

"그래도 카랑카랑하게 야단치실 때가 좋았는데……."

소이는 유 상궁을 생각하자 눈시울이 붉어졌다. 유 상궁이 얼마 전 병으로 누웠는데 나을 기미가 보이지 않아 곧 궐을 나가기로 했다는 사실이 새삼 떠올랐던 것이다.

궁녀가 궐을 나갈 수 있는 것은 단 한 번, 죽기 직전이었다. 임금이 계신 궐 안에서 아랫사람이 죽는 것은 큰 불경죄였기 때문에 늙거나 병이 들면 궐을 떠나야 했다.

"김 항아님 아니신가?"

낯익은 목소리에 고개를 들어 보니

여옥이 서 있었다. 여옥은 소이보다 몇 년 먼저 입궁한 벗으로 침방 소속이었다. 어릴 적부터 소꿉친구로 자란 사이라 입궁 시기는 달라도 허물없이 이런저런 이야기를 나누며 의지하는 벗이었다.

"요즘 침방하고 수방은 동궁마마 가례 준비에 정신이 없지 뭐니."

여옥은 소이 옆에 앉으며 묻지도 않은 말을 늘어놓았다.

"수방에 갔다가 세자빈마마가 입으실 적의에 수놓는 것을 봤거든. 금가루로 테두리를 그리고 오색실로 꿩을 수놓는데 그렇게 화려할 수가 없더라. 여염집 규수들도 그 정도는 아니지만 화려한 활옷•을 입고 혼례를 치른다던데."

여옥이 꿈꾸듯 이야기하다 고개를 절레절레 흔들더니 씁쓸히 웃었다.

"하긴 뭐 우리도 예전에 혼례복을 입어 보긴 했지."

궁녀가 혼례복을 입는 것은 관례 때였다. 소이는 작년에, 여옥은 그보다 몇 년 앞서 관례를 치렀다.

궁녀로 입궐하고 15년 정도 되면 정식 나인이 되는데 이때 관례를 치렀다. 궁녀들의 관례는 혼례를 겸하는 것이기도 했다. 궁녀는 모두 임금의 여자로 여겨졌기 때문에 임금에게 시집가는 것처럼 혼례를 치렀던 것이다. 물론 실제로 신랑은 없는 혼례식이었다. 혼례에서 어머니 역할은 궁녀를 가르치던 상궁이 해 주었다.

본가에서도 관례를 딸의 혼례식으로 생각했고, 혼수처럼 옷이나 가구 같은 것들을 장만해 보내 주었다. 잔치 음식도 마련해서 두루 돌리고 자신이 모시는 윗분에게도 드렸다.

궁녀가 관례를 치를 때 왕은 정식 나인이 되었음을 인정하는 첩지*를 내리고, 이름도 새로 지어 주었다. 그야말로 새로 태어나는 것이었다. 소이나 여옥이라는 이름도 관례 때 받은 것이다.

정식 나인이 되면 독립적인 공간에서 자신의 세간을 들여놓고 생활할 수 있었다. 방 하나를 두 명이 함께 썼는데, 같은 부서에서 일하는 궁녀끼리는 방 동무가 될 수 없었다.

> ### 궁녀들의 호칭
> 궁궐에서는 궁녀에게 '항아'라는 호칭을 썼다. 견습 나인이 정식 나인을 부를 때 항아님이라 했고, 자신을 가르치는 상궁에게는 스승항아님이라고 했다. 나인들끼리 부를 때에도 성을 붙여서 김 항아님 하는 식으로 불렀다. 상궁이 나인을 부를 때에는 김가 소이 하는 식으로 성과 이름을 불렀다.

- 활옷 : 전통 혼례 때 새색시가 입는 예복. 또는 공주, 옹주가 입던 대례복.
- 첩지 : 관리에게 주는 임명장.

소이는 자신의 관례 때 친어머니처럼 대견해하던 유 상궁이 생각나 코끝이 찡해졌다.

여옥이 소이의 마음을 알겠다는 듯 말없이 손을 토닥여 주었다. 여옥 역시 소이랑 각별하게 지내다 보니 유 상궁을 잘 따랐기 때문이다.

"다행히 수양아들이랑 함께 살기로 하셨나 봐. 그동안 모은 재산으로 집도 사고 땅도 마련하셨다던데, 수양아들이 유 상궁마마를 잘 모셨으면 좋겠다."

"사람들에게 너그럽게 대하셨으니 분명히 복을 받으실 거야. 그런데 나는 요즘 관음이 생각이 부쩍 나더라."

여옥이 먼 하늘을 바라보며 옛일을 끄집어냈다.

소이와 함께 입궐한 나인들 중에 관음이라는 아이가 있었다. 싹싹한 성격에 눈치 빠르게 일을 잘 배워서 상궁들이 예뻐하던 아이였는데, 기생의 딸이라는 게 밝혀져 쫓겨나고 말았다. 이웃에 부탁해 그 집 딸인 것처럼 속이고 입궐했는데 어쩌다 발각이 된 것이다.

"이대로 쫓겨나면 저는 어미처럼 기생이 될 수밖에 없습니다. 제발 쫓아내지만 마시어요."

눈물을 펑펑 쏟으며 빌던 관음이의 모습이 떠올라 새삼 안타까운 마음이 들었다.

"관음이는 잘 지낼까? 얼굴도 마음도 고운 아이였는데 참 안됐어."

"그러게. 아휴, 지난 일 생각하니까 괜히 눈물 난다. 장미는 잘 지내?"

소이는 울먹울먹한 자신의 음성이 무안했는지 말머리를 돌렸다. 장미 이야기가 나오자 여옥은 콧방귀부터 뀌었다.

"걔 정신 못 차린 건 여전해. 아직도 승은을 입을 거라는 환상을 못 버렸다니까."

장미는 여옥의 방 동무인데 언젠가는 승은을 입을 거라는 헛된 꿈에 사로잡혀 있었다. 물론 궁녀가 승은을 입어 신분이 상승하는 일이 종종 있기는 했다. 소이가 입궐했을 즈음 중전마마를 저주한 사건으로 궁궐을 발칵 뒤집어 놓았던 혜빈도 궁녀 출신이었고, 지금 후궁으로 있는 강 소의 역시 궁녀였다가 임금의 눈에 띈 경우였다. 하지만 600여 명이나 되

> **궁녀의 수**
>
> 《경국대전》에 규정된 궁녀의 정원은 40명도 되지 않지만 실제로는 훨씬 많았다. 연산군은 궁녀를 1,000명이나 거느리고 놀이를 갔다고 한다. 영조 때에는 600명에서 700명 사이였고, 고종 말기에는 200명 정도였다.

는 궁녀들 중 그런 행운을 만나는 사람이 얼마나 될 것인가. 그런데도 장미는 그 생각에만 사로잡혀 있었고, 일은 소홀히 하면서 몸단장에만 신경을 써서 직속 상궁한테 꾸지람을 듣곤 했다.

"지밀 소속도 아니고 세답방 나인 주제에 주상 전하 눈에 띌 일이 있기나 하겠어?"

여옥은 장미에게 헛물 켜지 말고 정신 차리라며 타박을 하곤 했지만, 여전한 모양이었다.

오랜만에 만난 터라 두 사람은 이런저런 이야기에 시간 가는 줄 몰랐다. 두 사람이 이야기에 정신이 팔려 있는데, 또래로 보이는 젊은 상궁이 지나가다 열린 방문 사이로 여옥에게 아는 체를 했다.

"박가 여옥이 아닌가? 여긴 어쩐 일인가?"

"채 상궁마마님, 짬이 나 소이 보러 잠깐 들렀습니다."

소이와 여옥이 얼른 자리에서 일어나 공손하게 몸을 숙여 인사했다. 하지만 채 상궁의 뒷모습이 사라지기가 무섭게 여옥이 입을 삐죽거리며

말했다.

"어휴, 입상궁 주제에 잘난 척은……."

입상궁이란 근무 햇수를 채우지 않은 채 상궁이 된 사람을 비아냥거리는 말이었다.

상궁이 되려면 정식 나인이 되고도 최소 10년에서 20년은 지나야 했다. 그런데 종종 입궐 햇수나 서열과 상관없이 상궁으로 승진하는 경우가 있었다. 대개는 권력 있는 사람의 입김이 작용한 경우인데, 이런 상궁

조선의 신데렐라, 신빈 김씨
경기도 화성시에 있는 신빈 김씨의 무덤. 신빈 김씨는 원래 호조에 속한 내자시의 토비였다가 세종이 즉위한 뒤 궁녀를 충원할 때 입궐했다. 중궁전의 지밀나인으로 일하다 세종의 눈에 들어 후궁이 되었고 최고 품계인 빈에까지 올랐다. 8명의 자녀를 낳고 왕비 소헌왕후에게도 신임을 얻었다. 세종이 승하한 뒤 머리를 깎고 절에 들어가 여생을 보냈다.

을 말로만 상궁이라는 뜻에서 입상궁이라 비웃으며 마음으로는 인정을 하지 않았다.

"제조상궁마마의 조카라니 대단한 권력이지 뭐."

소이가 씁쓸하게 웃었다.

"우리 이럴 게 아니라 유 상궁마마께 문안 인사라도 다녀오자."

기분을 바꾸려는 듯 여옥이 활기차게 말했다.

창덕궁 요금문
왕실 사람들 말고는 궁에서 죽을 수 없다는 궁궐 법도에 따라 궁녀들은 나이가 들고 병이 들면 창덕궁의 서북쪽에 있는 이 요금문으로 나가야 했다.

"그래. 궐을 나가시기 전에 한번 뵈어야지. 우리, 말 나온 김에 지금 가 볼까?"

소이와 여옥은 유 상궁의 처소가 있는 쪽으로 걸음을 옮겼다.

Q&A 역사 속 궁녀를 만나다

역사 속 인물을 모시고 궁궐 이야기를 들어 보는 자리를 마련했습니다. 궁녀 중에서는 문자에 밝아 세조 대부터 연산군 대에 걸쳐서 크게 활약했던 조두대를 만나 볼까요.

세조 때 많이 활약했다면, 입궐은 언제 하신 건가요?

세조께서 즉위할 때 궐에 들어갔다네.

세조와 별다른 인연이라도 있으셨던 건가요?

내가 궁녀가 되는 과정은 좀 남달랐어. 원래는 세종의 아드님인 광평대군 댁 여종으로 있었는데, 대군이 돌아가신 후 수양대군 댁으로 가게 되었지. 그러다 수양대군이 왕으로 즉위하실 때 함께 따라가서 전언으로 일했다네. 왕명을 출납하는 내명부의 종7품 벼슬이지.

세조가 항아님을 중용한 까닭이 궁금하군요.

내가 비록 노비 신분이긴 했지만 글을 잘 알았거든. 한자와 이두(한자의 음과 뜻을 빌려 우리말을 적은 표기법)는 물론이고 범어까지 잘했기 때문에 그 재주를 높이 쳐 주신 거지.

범어라면 불교와 관계된 문자가 아닌가요?

그렇다네. 세조께서는 대군 시절부터 불교에 관심이 많으셨고 불경 간행도 많이 하셨는데, 그 일에 내가 크게 활약했지.

글에 밝은 게 도움이 되었군요.

그렇고말고. 그 능력 덕분에 성종이 즉위하고 정희왕후가 수렴청정을 하실 때에는 서사상궁으로 활동했지.

서사상궁은 어떤 일을 했나요?

교서라고 해서 어명을 적은 문서가 있는데 그걸 작성하는 일을 한 거야.

🖋 이래저래 왕명을 출납하는 중요한 자리에 있었군요.

그런 셈이지. 그렇게 열심히 어명을 받든 공을 인정받아 나중에는 면천되었다네. 양인이 된 거지.

🖋 아, 원래 노비였다고 그러셨죠. 그래도 신분과 상관없이 그 정도 위치였으면 위세가 대단했겠는데요.

암, 웬만한 벼슬아치 부럽지 않았지. 나중에 그런 참변만 안 당했더라면 말일세.

🖋 참변이라니요?

연산군이 생모인 폐비 윤씨 일에 관련된 사람들을 잔인하게 처단한 것은 알고 있지? 나도 그 일에 연루되어 부관참시를 당했지 뭔가.

🖋 관을 꺼내 시신의 목을 친다는 끔찍한 형벌 말인가요? 어떤 잘못을 하셨길래요?

성종께서 폐비 윤씨가 진심으로 반성하고 있는지 알아보라고 하셨을 때, 인수대비가 시킨 대로 거짓으로 보고를 했거든. 그래서 폐비 윤씨가 사약을 받았고. 연산군이 나중에 그 사실을 알게 된 거지.

🖋 연산군이 한 짓은 끔찍했지만, 왜 그런 거짓말을 하셨나요?

인수대비께서는 나를 심복으로 부리셨어. 나도 충심으로 그분을 모셨고. 윗분이 시킨 일을 거역하고 살아남을 수 있을 것 같은가? 궁녀들은 윗분의 생각대로 움직일 수밖에 없는 처지라는 걸 이해해 주게.

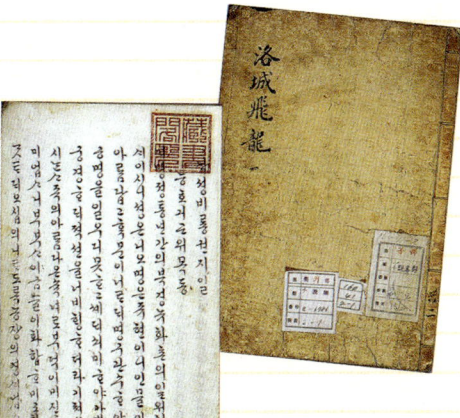

궁녀들의 글씨체, 궁체
궁녀들은 한글로 글을 쓸 일이 많았는데, 궁중에서 궁녀들이 쓰는 글씨체를 궁체라고 한다. 위는 중국 소설을 한글로 옮겨 쓴 《낙성비룡(洛城飛龍)》이라는 책인데, 한글 궁체의 본모습을 고스란히 보여 주고 있다.

궁궐 백과

궁녀는 어떤 일을 했을까?

　궁녀들이 일하는 부서는 크게 지밀, 생과방, 소주방, 침방, 수방, 세수간, 세답방의 7개로 나뉘었다. 왕, 왕비, 대비, 세자의 처소에는 7개 부서를 모두 두었고, 후궁전에는 규모를 줄여 배치했다.

　지밀은 지극히 비밀스런 일을 맡는다는 뜻으로 잠자리와 신변 보호 및 의식주와 관련된 일을 맡았다. 지밀은 출신을 중시해서 가급적이면 중인 계층에서 뽑았다. 생과방에서는 음료수와 다과를 마련했고, 소주방에서는 수라를 담당했다. 소주방은 수라상에 올릴 반찬을 만드는 안소주방과 각종 잔치와 제사 음식을 준비하는 밖소주방으로 나뉘었다. 소주방은 처소에서 멀리 떨어져 있기 때문에 퇴선간에서 음식을 다시 데우고 밥을 지어 상을 차렸는데, 퇴선간은 지밀 소속이었다.

　침방에서는 왕실 가족의 옷을 만들었고, 수방에서는 옷이나 여러 장식물에 수를 놓았다. 세수간에서는 말 그대로 세숫물과 목욕물을 담당했다. 내전을 청소하고 매화틀과 요강을 관리하는 것도 세수간 담당이었다. 세답방은 세탁과 다듬이질, 염색 등을 담당했다. 세답방에는 복이처라는 곳이 있어 아궁이에 불을 때고 내전에 등불을 밝히는 일을 했다.

대조전 수라간
조선 시대 왕의 밥상을 차려 내던 수라간 모습이다. 이곳은 개화기 때 서구식으로 고쳤는데, 현재 남아 있는 수라간은 오직 이것뿐이다.

궁녀는 어떻게 뽑았을까?

대전, 중궁전, 대비전, 후궁, 동궁 등에서 처소별로 궁녀를 뽑고 관리했다. 다른 처소의 궁녀에 대해서는 서로 간섭하지 않는 것이 관례였다. 대개는 10년에 한 번쯤 선발했고, 필요할 때마다 인원을 보충하기도 했다. 나이는 부서별로 달라서 지밀은 4, 5세, 침방과 수방은 7, 8세 정도를 뽑았고, 다른 부서는 크게 나이 제한을 두지 않았지만 혼기가 되기 전에 입궐하다 보면 대개 13세 미만이었다.

순정효 황후와 궁녀들
순종의 왕비인 순정효 황후와 그 둘레에 있는 궁녀들의 모습이다.

국법에는 공노비 중에서 궁녀를 뽑도록 했지만 실제로는 양인 출신을 뽑았고, 지밀·침방·수방에는 중인 출신이 많았다. 친척 중에 전염병 든 사람이나 죄인이 없어야 했고, 첩이나 기생의 딸도 궁녀가 될 수 없었다.

나인과 상궁은 어떻게 다를까?

반차도 속 상궁과 나인
말 탄 사람이 상궁이고, 그 왼쪽이 나인이다.

내명부를 구분할 때는 보통 4품까지는 후궁, 5품과 6품은 상궁, 7품 이하는 나인으로 나눈다. 상궁은 본디 궁녀들 중 가장 높은 정5품 벼슬의 이름인데, 5품과 6품 벼슬에 모두 '상' 자가 붙어 통틀어 상궁이라고 한다. 7품 이하를 나인이라고 하는데, 궁궐 안에서 생활하기 때문에 내인(內人)이라고 부른 데서 비롯된 말이다.

공주와 부마는 가깝고도 어려운 사이

조정에서는 온갖 종류의 나랏일들을 다룬다. 백성들의 살림살이며, 국방, 외교, 관리들의 인사이동에 관한 것은 물론이고, 사형수를 정말로 처형할 것인가 하는 문제에 이르기까지 모든 분야를 망라했는데, 그중에는 왕실 문제에 대한 것도 포함되었다. 세자 책봉이나 가례 같은 일뿐만 아니라 왕실 가족의 처우에 관한 것도 주요 의논 거리가 되곤 했다.

지금 임금과 신하들이 다루고 있는 문제도 그런 것들 중 하나로, 부마 풍계위가 올린 상소 때문에 갑론을박을 벌이고 있었다. 풍계위의 상소 내용은 다름 아니라 재혼을 허락해 달라는 것이었다.

풍계위 정지상은 임금의 누이 정순 공주의 남편인데, 정순 공주가 10여 년 전 산후병으로 죽고 그 아이마저 돌을 못 넘기는 바람에 혼자가 되었다. 풍계위는 부인도 없고 아이도 없는 자신의 처지를 호소하며, 후사를 이을 수 있도록 재혼을 허락해 달라고 상소를 올린 것이었다.

"아니 되옵니다!"

왕이 풍계위의 처지가 딱하다며 허락해 줄까 망설이고 있는데, 예조에서 반대하고 나섰다.

"예로부터 부마 된 자가 홀로 남았다고 해서 재혼이 허락된 적은 없사옵니다."

"성은을 입어 호의호식하던 자가 어찌 그런 상소를 올릴 수 있단 말입니까. 방자한 풍계위를 벌하옵소서."

몇몇 신하들이 강경하게 나왔지만 동정론을 펴는 신하도 있었다.

"풍계위 정지상은 전 영상대감 정치우의 장자이옵니다. 장자 된 처지로 후사가 없으니 그런 마음이 생겼을 것입니다. 비록 재혼을 허락지는 않더라도 처벌까지는 과하니 엄히 타이르는 정도로 마무리하심이 좋을 듯하옵니다."

예조 판서가 이 말을 반박하고 나섰다.

"왕녀나 부마가 자손 없이 혼자되었을 때는 왕실에서 후사를 위해 즉시 양자를 들여 주고 있사옵니다. 풍계위 또한 이미 사촌의 삼남을 양자로 삼았사온데, 이제 와서 후사 운운하는 것은 첩을 들이기 위한 핑계일 뿐이옵니다."

예조의 반대가 컸고, 풍계위를 옹호하는 편에서도 재혼을 허락할 수 없다는 것은 마찬가지였으므로 왕은 "불가하노라." 하는 답을 내렸다. 단, 처벌까지는 논하지 말라는 말을 덧붙였다.

대비는 부마의 상소에 관해 전해 듣자 섭섭함과 괘씸한 마음이 함께 밀려왔다.

"어찌 감히 그런 상소를 올릴 수 있단 말인가!"

중전은 풍계위의 처지가 한편 이해가 되면서도, 허락될 리가 없는 일에 대해 상소를 올린 것은 경솔했다는 생각이 들었다. 부마가 첩을 들이거나 재혼을 하는 경우가 없는 것은 아니지만, 그것은 크게 비난받거나

정식 혼인으로 인정받지 못하는 일이었다.

마침 문안 인사를 와 있던 왕의 또 다른 누이 정희 옹주가 한참을 망설이더니 조심스럽게 입을 뗐다.

"사실은, 이미 새 부인과 살고 있다는 소문이 있습니다."

"어허, 저런!"

대비가 기가 막힌 듯 혀를 찼다.

"그 여인은 결국 첩 취급밖에 못 받을 텐데, 어떤 여인이라 하던가요?"

"자세히는 모르지만 양반가의 여식이라던데 처지가 안 되었습니다."

중전의 말에 옹주가 동정어린 말투로 대답했다.

"부마로서의 위신은 대체 어디로 갔단 말인고! 후사 때문이라고 둘러대고 있지만, 예전에 공주가 살아 있을 때에도 첩을 들이려다 발각 나 혼쭐이 나지 않았던가?"

대비는 비단 이번 상소뿐 아니라 평소에도 부마의 행실을 못마땅하게 여기던 터였다.

중전은 대비의 언짢은 마음을 돌리기 위해 화제를 바꾸었다.

"제가 처음 입궐했을 때 공주마마를 뵙던 일이 기억납니다."

중전이 세자빈으로 간택되어 입궐했을 때

정순 공주는 다섯 살배기 어린 아이였다.

공주는 대비가 지금의 왕을 낳은 뒤 어렵게 얻은 막내였다. 한 번은 회임 넉 달 만에, 또 한 번은 출산 중에 아기를 잃고 난 뒤 정순 공주를 얻었던 것이다.

공주를 회임했을 때 선왕은 직접 나서 대비의 약재를 챙기는가 하면, 여느 때보다 일찍 산실청*을 설치해 만반의 준비를 갖추기도 했다. 공주가 무사히 태어나자 선왕은 뛸 듯이 기뻐하며 산실청 의원들에게 크게 상을 내렸다.

선왕은 어렵게 얻은 공주를 금이야 옥이야 했다. 공주를 돌볼 유모, 보모, 몸종을 손수 골라 주었고, 정사로 눈코 뜰 새 없이 바쁜 와중에도 직접 글을 가르쳤다.

"공주 덕분에 새삼 자식 키우는 기쁨을 누리는구나!"

선왕은 공주를 볼 때면 만면에 웃음을 띠며 이렇게 말했다. 공주를 보기 위해 교태전에 자주 오다 보니 대비와의 사이도 돈독해졌고, 대비 역시 어렵게 얻은 공주가 복덩어리라며 예뻐하였다.

"처음 뵈었을 때 참으로 복스러운 아기씨라 생각했었지요. 저를 친동기처럼 따르던 일이 생각나옵니다."

중전은 세자빈이 되어 입궐했을 때 연신 방글방글 웃으며 자신을 바라보더니 덥석 품에 안기던 어린 공주의 모습이 아직도 기억에 생생했다.

● **산실청** : 궁궐에서 왕비나 후궁, 세자빈 등이 아기를 낳을 때 이와 관련한 일을 맡아보던 임시 관아.

공주는 일곱 살 많은 중전을 친언니처럼 따라, 낯선 궁궐 생활에 큰 힘이 되어 주었다.

선왕은 갑작스럽게 병석에 누웠을 때에도 공주의 재롱을 보며 힘을 얻곤 했었다.

중전의 회상에 대비도 공주를 떠올리며 어느새 마음이 풀어졌다. 선왕이 승하하자 대비는 어린 공주가 안쓰러워 더욱 사랑을 쏟았고, 공주가 탈 없이 자라 혼인할 나이가 되었을 때에는 천지신명께 감사를 드리기도 했다. 지금의 임금도 어린 누이에게 신경을 많이 써 주었다.

"공주께서 하가●하신 후 잘 지내시는지 주상께서 늘 염려하시며 친히 편지를 보내기도 했지요. 참으로 정겨운 오누이라며 부러워했답니다."

왕은 누이의 결혼에 혼수를 넉넉히 해 주었다. 왕실 혼례에 드는 비용은 호조에서 부담하지만 특별히 내수사에 명해 쌀과 돈을 더 보내 주었던 것이다.

공주는 혼례를 치른 후 다시 궐에 들어와 3년을 더 지내다 출합●했다. 혼례를 치렀어도 성년이 되는 15세가 되어야 초야를 치를 수 있기 때문에 대비가 그때까지 더 데리고 있었던 것이다.

공주가 출합할 때 왕은 부마의 집이 있는 부평부 일대의 넓은 땅을 하사해 주었고, 생활할 집은 궁궐과 가까운 가회방에 지어 주었다. 당시 공주의 집이 어찌나 크고 으리으리했던지 궁궐 같다는 말이 돌 정도였다.

● 하가 : 공주나 옹주는 신하의 집으로 시집을 가게 되므로 지체 낮은 집으로 간다고 해서 하가라고 했다.
● 출합 : 왕실 자녀가 자란 뒤에 궐을 나가 따로 사는 것.

　대비는 공주를 시집보내며 한편으로는 걱정이 되기도 했다. 공주가 어릴 적부터 왕실의 귀여움을 독차지했던 터라 자기중심적이고 교만한 면이 있었기 때문이다.
　"공주가 궐에서 떠받드는 속에서만 자라 시부모를 받드는 도리를 모를 것입니다. 너무 엄격하게만 대하지 마시고 순순하게 대하며 가르쳐 주십시오."
　대비는 부마의 어머니 이씨 부인을 만났을 때 간곡히 부탁을 하기도 했다. 다행히 공주는 시부모에게 문안도 곧잘 드리고, 공손히 대하는 듯했다.

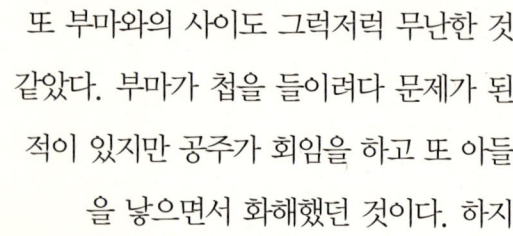

또 부마와의 사이도 그럭저럭 무난한 것 같았다. 부마가 첩을 들이려다 문제가 된 적이 있지만 공주가 회임을 하고 또 아들을 낳으면서 화해했던 것이다. 하지만 공주는 아이를 낳고 며칠 만에 세상을 등져 왕실을 비통하게 했다. 스물한 살 젊디 젊은 나이였다.

공주가 죽자 왕은 관례대로 3일간 정무를 보지 않았다. 대비는 한동안 자리에서 일어나지 못해 궁궐에는 이러다 큰일 치르는 것 아니냐는 긴장감이 돌기도 했었다.

공주의 아들마저 돌을 넘기지 못하고 죽자 왕실에서는 관례에 따라 부마에게 양자를 들여 주었다. 마침 부마의 사촌에게 아들이 여럿 있어서 그중 한 명으로 후사를 잇게 한 것이다. 그런데 부마가 이제 와서 새삼스럽게 후사를 잇겠다느니 하면서 재혼을 허락해 달라 하자, 대비는 마음이 무척 언짢았다.

"정순 공주를 생각하면 지금도 마음이 무너지는 것 같구나……."

깊은 한숨이 묻어나는 대비의 말에 중전과 정희 옹주는 말없이 고개를 끄덕일 뿐이었다. 중전 역시 어린 아들을 먼저 떠나보냈던 아픔이 있고,

옹주도 아들과 딸을 연달아 마마로 잃었던 것이다.

'왕실에 단명하는 사람이 어찌 이리 많을꼬.'

'원자를 떠나보냈을 때의 비통함이 다시 찾아오는 것 같구나.'

'아, 자식 잃는 슬픔을 겪지 않은 사람은 정녕 없는 것일까.'

창녕위궁 재사
순조의 부마 창녕위 김병주의 재사이다. 재사는 무덤 옆에 제사를 모시기 위해 지은 집을 말한다. 서울 강북구 번동에 있다.

대비와 중전, 정희 옹주는 서로 다른 듯 같은 생각에 깊은 한숨을 내쉴 뿐이었다.

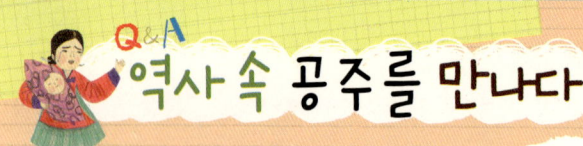
역사 속 공주를 만나다

역사 속 인물을 모시고 궁궐 이야기를 들어 보는 자리를 마련했습니다. 공주 중에서는 문종의 딸이자 단종의 누이로서 파란만장한 삶을 살다 간 경혜 공주를 만나 볼까요.

🖊 문종이 꽤 늦은 나이에 즉위했는데, 그러면 세자 시절 태어나신 건가요?

아버님은 세자셨고, 어머님은 후궁인 양원이셨네.

🖊 그럼 아버님이 왕이 되신 후 옹주가 되는 것 아닌가요?

당시 세자빈이셨던 순빈 봉씨가 투기를 이유로 폐출된 후 어머니가 세자빈으로 승격되어 공주가 된 거라네.

🖊 어머니가 세자빈으로 승격되신 후 어떤 점이 달라졌나요?

먼저, 어머니가 동궁으로 거처를 옮기셔서 나도 함께 자선당으로 갔지. 내 지위도 현주에서 군주로 격상되었고. 창평 군주로 봉작을 받았다가 아버님이 즉위하면서 경혜 공주로 다시 봉작되었네.

🖊 문종에게 단종과 공주님 말고 또 다른 자식이 있었나요?

몇 명 더 있었는데 다들 아기 때 죽고 동생인 단종과 나만 남았지. 그래서인지 아버님의 사랑이 아주 지극했어.

🖊 결혼은 언제 하셨나요?

16세 되던 해였네.

🖊 늦게 하셨네요. 그때는 보통 12, 13세에 결혼하지 않았나요?

어머님이 동생을 낳다 돌아가신 후 아버님은 다시 세자빈을 맞지 않으셨어. 외롭게 지내는 아버님을 두고 떠나는 게 쉽지 않았고, 아버님도 같은 마음이셨던 모양이야. 그런데 할바마마(세종)의 병환이 위중해지자 혼사를 서두르셨네.

🎤 **새삼 서두른 이유가 뭔가요?**

할바마마가 돌아가시면 삼년상을 치러야 하는데, 그러면 너무 늦어지니까 서두른 거지. 얼마 안 있어 할바마마가 승하하셨고, 삼년상을 치르는 중에 아버님마저 돌아가셨지 뭔가. 연달아 삼년상을 치르느라 결혼 생활을 제대로 할 수 없었지.

🎤 **단종 역시 얼마 안 돼 폐위되었는데…….**

정말이지 그때 일은 생각하고 싶지 않군. 임금인 동생은 쫓겨나고, 남편도 유배를 당하고……. 나는 남편의 유배지를 따라다니며 살았다네. 그러다 결국에는 단종과 남편 모두 숙부에게 죽임을 당했으니, 어찌 이런 일이 있을 수 있단 말인가.

🎤 **그래도 세조는 공주님의 신분은 그대로 유지시키지 않았나요? 노비와 집도 하사한 걸로 아는데요.**

세간의 눈을 의식해 그랬겠지. 남동생과 남편까지 죽었으니 나는 아무 힘도 없었고, 그런 나를 내쳐 본들 여론만 험해질 것 아닌가. 그리고 내가 수양대군의 치세를 인정해서 그런 것들을 받아들였겠나? 그것을

뿌리쳤다가는 나만 수난을 겪는 게 아니라 자식들까지 험한 꼴을 당할 게 아닌가. 매일매일 죽고 싶은 생각뿐이었지만 자식들을 생각해 차마 그럴 수가 없었네.

🎤 **그렇게 애쓰신 덕에 자식들은 무사히 장성한 것 같더군요.**

예종과 성종은 내 아들에 대해 "난신의 아들로 논해서는 안 된다."며 벼슬길을 열어 주었고, 내가 죽기 얼마 전 돈녕부 직장을 제수 받았지. 딸을 혼인시키지 못하고 눈을 감은 건 아직도 마음이 아프구먼.

충민사
경혜 공주와 부마인 영양위 정종을 모신 사당이다. 경기도 고양시 대자동에 있다.

궁궐 백과

공주와 옹주는 어떻게 다를까?

공주는 왕과 왕비 사이에 난 딸을 말하고, 후궁이 낳은 딸은 옹주라고 한다. 고려에서는 왕의 딸과 귀족 부인을 모두 공주 혹은 궁주라 했고, 공민왕의 부인 노국 대장 공주처럼 중국에서 시집 온 왕비도 공주라고 했다. 조선 초에는 궁주와 옹주라는 호칭을 섞어 사용하다가 세종 때 내·외명부 체계가 확립되면서 옹주가 후궁 소생의 딸을 일컫는 말이 되었다. 세자와 세자빈 사이의 딸은 군주, 세자와 후궁 사이의 딸은 현주라고 했다.

화순 옹주 녹원삼
영조와 후궁 정빈 이씨의 딸인 화순 옹주가 입었던 원삼이다.

공주와 왕자의 이름은 어떻게 지을까?

공주와 왕자는 6, 7세가 되면 봉작을 받으면서 작호 앞에 붙는 이름을 함께 받았다. 공주와 옹주에게는 '숙(淑)', '덕(德)', '화(和)'처럼 유교 덕목을 표현하는 글자를 써서 이름을 붙여 주었고, 왕자와 부마에게는 읍호라고 해서 부·목·군·현의 이름을 붙였다. 임영대군, 금성대군, 연산군, 광해군 등이 그것이다. 세자의 딸에게는 군주, 현주라는 명칭은 그대로 하되 각각 군의 이름과 현의 이름을 붙였다. 예컨대 문종의 딸 경혜 공주는 문종이 세자 시절 낳은 딸로 그때는 평창 군주로 불렸다.

공주는 결혼 후 어디에서 살았을까?

공주, 옹주는 결혼을 하더라도 시집으로 가지 않고 따로 집을 마련해 살았다. 궐에서는 유모와 함께 시중들 궁녀 5~6명을 함께 딸려 보냈다. 세자를 제외한 왕자들 역시 결혼 후에는 궁궐에서 살 수 없었다. 조선 시대에는 신분에 따라 집의 규모에 제한을 두었는데 대군은 60칸, 대군이 아닌 왕자와 공주는 50칸, 옹주는 40칸을 넘을 수 없었다. 하지만 실제로는 규정보다 큰 집에 사는 경우가 많았다. 토지도 지급되었는데 이 역시 신분에 따라 차등 지급되었다.

부마는 어떤 대우를 받았을까?

왕의 사위를 부마라고 하는데, 오래전 중국에서 말을 관리하는 일을 황제의 사위에게 맡겼던 데에서 비롯되었다. 공주에게 장가든 사람은 종1품 부마도위, 옹주에게 장가든 사람은 종2품 부마위로 구분했고, 대우에도 차이가 있었다.

부마는 첩을 둘 수 없었고, 아내가 아들을 낳지 못하거나 일찍 죽어도 재혼할 수 없었다. 벼슬에도 나설 수 없었는데 외척의 힘이 커지는 것을 막기 위해서였다. 왕실 행사에 참여하거나 중국에 사신으로 가는 정도의 활동만 허용되었다. 하지만 부마만 정치 활동이 금지되었을 뿐 그 집안에서는 왕실과의 혼인으로 권세를 누리는 일이 많았다.

남양주시 궁집
영조가 막내딸인 화길 옹주가 출합할 때 지어 준 집이다. 경기도 남양주시 평내동에 있다.

무령대군은 정치에 뜻이 없었나

조선의 법궁인 경복궁과 이궁인 창덕궁 사이에는 왕족과 권문세가들이 많이 살았다. 도성 안에서도 청계천과 종각의 북쪽에 있어 북촌이라 불리는 이곳에는 고대광실*이 즐비했고, 그중에는 무령대군이 사는 만월정도 있었다.

만월정 주변에는 봄이면 복숭아꽃, 살구꽃이 만발해 눈이 부시게 꽃대궐을 이루었고, 북악산에서 흘러내린 물길이 지나고 있어 여름에는 울창한 나무 아래 시원하게 탁족을 즐길 만했다. 임금이 정동에 있는 널찍한 별궁을 사저로 주었지만, 무령대군은 한가롭게 지내고 싶다며 주로 이곳에서 지냈다.

● **고대광실** : 매우 크고 좋은 집.

가을이 깊어지는 만월정에 무령대군의 거문고 소리가 그윽하게 울렸다. 그 옆에서는 오랜 친구인 김 선비가 그림을 그리고 있었다.
　김 선비가 뭔가 생각난 표정으로 붓을 내려놓았다.
　"심 진사가 대군께 그림을 드리기로 했다면서요?"
　"심 진사의 그림이 화제라는 소문은 진작 들었는데 얼마 전에야 직접 보게 되었다오. 과연 신필이라는 말을 들을 만하더이다. 늘 곁에 두고 보고 싶어서 아는 사람을 통해 그림을 부탁했더니 흔쾌히 그러겠다고 답했다는군요."
　"대군의 감식안●이 뛰어난 거야 익히 알려진 바이니 심 진사도 그걸 알고 흔쾌히 응낙했을 겁니다. 대군이 소장하고 싶어 할 정도라면 그 사람도 실력을 인정받은 셈 아니겠습니까."

법궁과 이궁

법궁은 임금이 주로 머물며 정사를 보는 궁궐로, 여러 궁궐 중 으뜸이 되는 곳이다. 이궁은 특별한 일이 있을 때 머물던 궁궐이다. 조선은 경복궁을 법궁으로 삼고 창덕궁과 창경궁을 이궁으로 건립했다가 임진왜란 때 경복궁이 불탄 후에는 창덕궁을 법궁으로 사용했다.

경복궁 근정전

● 감식안 : 어떤 사물이 진짜인지 아닌지, 얼마나 가치가 있는지 알아내는 능력.

김 선비의 말처럼 무령대군은 그림 보는 눈이 뛰어나서 누구든 그림을 구하면 무령대군에게 보이고 평을 듣고 싶어 했다. 무령대군이 글까지 잘 쓰다 보니 화제˚라도 써 주면 그림 주인은 기뻐하며 가보로 삼겠다고 자랑할 정도였다.

무령대군이 다시 거문고 줄을 고르는데 허 생원이 찾아왔다. 허 생원은 남산골에 사는 젊은 선비로 시를 잘 지어 무령대군이 아들처럼 보살피며 때로는 친구처럼 시를 주고받는 사이였다.

"세상이 어쩌다 이 지경이 됐는지 모르겠습니다."

허 생원은 김 선비가 따라 주는 술을 쭉 들이켜더니 불쾌하다는 듯 혀를 찼다.

"무슨 일이 있었는가?"

"운종가를 지나는데 '물럿거라! 물럿거라!' 하는 소리가 요란하지 뭡니까. 그 소리만 들어서는 무슨 정승 행차 같더이다. 그런데 알고 보니 내시 임대수였지 뭡니까."

"저런! 제 아무리 품계가 높다 한들 환관에 불과한 자가 정승처럼 행차라니, 원!"

김 선비와 허 생원이 주고받는 말끝에 무령대군이 헛웃음을 터뜨렸다.

"허허, 그 자의 권세가 얼마나 큰지 몰라서 그러나? 자네들은 관직에 나아가지 못한 처지이고, 나 또한 조정에는 얼씬도 못 하는 신세 아닌가.

● 화제 : 그림 위에 쓰는 시문.

그런데 그 자는 궁궐 일을 훤히 꿰고 있으니 조정에 미치는 힘으로 하면 우리는 감히 비교도 안 되지. 그런 위세를 부릴 만도 한 게야."

무령대군의 말은 세태를 비꼬는 것 같기도 하고 자신의 처지를 한탄하는 것 같기도 했다. 무안해진 허 생원은 다른 화제로 말을 돌렸다.

"지난번 세자 저하 가례는 잘 다녀오셨습니까?"

"늠름한 세자 저하와 아리따운 세자빈을 보니 참으로 뿌듯하더군. 세자 저하는 성정이 온화하셔서 백성들의 아픔을 어루만지는 주군이 되실 걸세. 이게 다 왕실과 만백성의 복이 아니겠는가!"

무령대군이 뿌듯한 얼굴로 고개를 주억거렸다.

김 선비와 허 생원이 그림을 그리고 시를 짓는 동안 무령대군은 고요히 생각에 잠겼다. 개울물 소리에 새소리만 간간이 섞여 들릴 뿐 세 사람은 한동안 말이 없었다.

운종가

사람들이 구름처럼 모이고 흩어지는 거리라는 뜻으로, 지금의 종로에 해당한다. 시전이 있어서 전국의 물산이 몰려들던 상업 중심지였다.

"이번에 선원록 편찬이 끝나면 묘향산에 가 볼까 하오."

무령대군이 김 선비 잔에 술을 따르며 무심히 말했다.

"그렇게 멀리까지 나가셔도 되겠습니까?"

김 선비가 조심스럽게 물었다.

"이 늙은이한테 누가 신경이나 쓰겠소이까? 젊어서는 이래저래 감시의 눈길도 많더니만 이제는 웬만한 일은 그냥 넘어갑디다, 하하하."

무령대군이 너털웃음을 터뜨렸다.

무령대군은 선대왕의 동생, 그러니까 임금의 작은아버지이다. 종친 중 가장 나이가 많고 대군으로 지위도 높아 종친부의 으뜸 벼슬인 영종정경을 맡고 있었다. 하지만 이것은 아무런 실권이 없는 자리였다.

종친은 경제적으로 윤택하고 신분상 특혜도 누렸지만 정치에는 참여할 수 없었다. 왕이 되지 못한 왕자는 언제든 왕위를 넘볼 위험이 있기 때문에 아예 정치 참여를 막아 버린 것인데, 함부로 나섰다간 역모로 몰릴 수 있었다. 아무리 능력이 뛰어나도 소용없었고, 출중한 능력은 외려 자신을 옭아매는 올가미가 될 위험이 컸다.

세자를 제외한 왕자들은 결혼하면 궐 밖으로 나와 살았는데, 그때부터 특별 관리를 받았다. 거주지는 한양으로 제한되었고, 함부로 한양을 떠나서도 안 되었다. 불가피하게 한양을 떠나려면 반드시 목적지와 날짜 등을 왕에게 보고한 뒤 허락을 받아야 했다. 백성들에게 피해를 주지 말라는 뜻도 있었지만, 안 보이는 곳에서 은밀히 역모를 꾸밀지도 모르기 때문이었다.

"궁궐 담장이 참으로 높다 생각했는데 밖으로 나오니 보이지 않는 담이 더 높구나."

무령대군은 가끔 이런 넋두리를 하기도 했는데, 누구보다 심하게 견제를 당했기 때문이었다.

무령대군은 종친 중에서는 드물게 학문을 좋아했고, 정치적인 식견도 뛰어났다. 젊은 시절에는 자신감 넘치는 모습 때문에 야심가로 보이기도 했다. 그러다 보니 의혹의 눈길도 종종 받았지만 달리 문제를 일으킨 적

이 없고 선대왕이 감싸 주어 무난히 지낼 수 있었다.

문제는 지금의 임금이 어린 나이로 즉위했을 때부터였다. 무령대군 본인의 의지와는 관계없이 사방에서 의심의 눈초리가 쏟아졌던 것이다.

"전혀 딴마음 먹은 바가 없습니다."

이렇게 외치고 싶은 마음이 굴뚝같았지만 그랬다가는 제 발 저린 역모꾼이 될 터였다.

무령대군은 몸을 바짝 낮추기로 했다. 능력을 펼쳐 보고 싶은 욕심이 없었다면 거짓말이겠지만, 대군이라는 신분 때문에 그것이 역모로 비쳐진다면 뜻을 꺾을 수밖에 없는 일이었다.

원래는 글 짓고 그림 그리는 모임을 좋아해서 주변에 사람이 많았지만, 모두 물리쳤다. 산천 유람을 좋아해 선대왕의 묵인 하에 경향 각지를 돌아다녔지만 그것도 참을 수밖에 없었다.

　김 선비는 그런 무령대군을 지켜보는 것이 안타까웠지만 한낱 백면서생* 주제에 할 수 있는 일은 없었다. 그저 시와 그림을 나누는 친구로서 작은 위안이 될 뿐이었다.

　이런저런 이야기를 나누던 중에 허 생원이 먼저 돌아가야겠다며 붓을 내려놓았다. 허 생원은 어머니가 연로하셔서 불가피한 일이 아니라면 밖에서 자는 일이 없었다.

　"이번에는 어떤 책을 빌려 갈 텐가?"

　무령대군이 자리를 정리하는 허 생원에게 물었다. 허 생원은 만월정에 오면 늘 책을 빌려 가곤 했다. 읽고 싶은 책은 많은데 가난한 살림이라 일일이 살 수 없으니 무령대군에게 신세를 지고 있는 것이다.

　"대군께 늘 신세가 많습니다."

　"외려 내가 고맙다네. 나는 늙어 눈이 침침하고 아들은 책에 도통 관심이 없어 먼지만 쌓일 판인데 자네라도 읽어 주니 다행 아닌가."

　무령대군은 책을 꽤 많이 가지고 있었다. 책읽기를 좋아하기도 하거니와 책을 모으는 재미도 컸기 때문이다.

　무령대군이 책을 모은 것에는 아들과 손자에게 읽히려는 마음도 있었다. 하지만 정작 아들은 공부에 관심이 없었다. 어릴 때 《소학》이나 《동몽선습》 같은 책들을 배운 이후로 도통 공부에 마음을 두지 않아 사서삼

● **백면서생** : 희고 고운 얼굴에 글만 읽는 사람이라는 뜻으로, 세상일에 어둡고 경험이 없는 사람을 이르는 말.

경도 다 못 뗐을 정도이다. 손자 역시 아들과 마찬가지였다.

종친은 관직에 나아갈 수 없으니 당연히 과거도 칠 수 없다. 그러니 과거 급제를 목표로 하는 여느 사대부들처럼 굳이 공부에 매달릴 필요가 없었다. 그래서인지 종친들은 대체로 공부에 관심이 없었고, 심지어는 일자무식까지 있을 정도였다.

> **종학**
>
> 세종이 왕족들의 교육을 위해 설치한 교육 기관이다. 경복궁 동쪽에 있었고, 성균관 관원들이 교육을 맡았다. 세종은 왕족이 먼저 유교적 소양을 갖추어야 한다고 생각해 종학을 엄하게 운영했다. 하지만 종친들의 참여가 저조해 설치와 폐쇄를 거듭하다 결국 영조 때 없어졌다.

"꼭 과거를 위한 공부가 다는 아니지 않소."

"그렇기야 하지요. 과거만을 위한 공부에 대해 비판하는 선비들도 있고요. 하지만 현실적인 동기가 없으면 아무래도 공부에 소홀할 수밖에 없지 않겠습니까."

무령대군이 아들 때문에 답답해하면 김 선비는 공감이 되면서도 그 아들의 마음 또한 이해가 되었다.

"세종께서 종학을 설치하시고 엄하게 운영하셨지만 나중에 결국 폐지되지 않았습니까? 억지로 공부를 시킨들 되겠습니까?"

"그야 그렇지요. 오죽하면 정종의 둘째 아들인 순평군은 죽기 전에 '이제 종학에 다니지 않아도 되니 속이 시원하다.'고 했다지 뭡니까, 허허."

무령대군이 억지로 마음을 달래며 거문고를 끌어당겼다. 시나브로 땅거미가 지고 있었다.

Q&A 역사 속 대군을 만나다

역사 속 인물을 모시고 궁궐 이야기를 들어 보는 자리를 마련했습니다. 종친 중에서는 세조의 맏손자이자 성종의 형이지만 왕위 계승에서 밀린 월산대군을 만나 볼까요.

🎤 왕위 계승에서 계속 밀렸는데 의경세자가 돌아가신 후 원래는 그 맏아들인 대군께서 세손으로 책봉되었어야 하는 것 아닌가요? 그런데 세조께서 차남인 해양대군(예종)을 세자로 책봉하셨더군요.

그때 내가 네 살밖에 안 돼 너무 어려서 그러셨던 것 같네.

🎤 세조 본인이 어린 단종을 끌어내리고 즉위했던 터라 어린 손자를 후계자로 삼기 꺼렸다는 말도 있더군요.

흠, 나로서는 듣기 거북한 이야기군. 할바마마 나름의 뜻이 있으셨겠지.

🎤 예종이 승하하신 뒤에는 후계자 지명권을 가진 정희왕후가 성종을 선택하셨어요. 예종의 아들인 제안대군이 너무 어리다면서요. 성종 역시 13세밖에 되지 않았고, 더구나 성종의 형인 대군도 계신데 말이에요.

당시에 이런 이야기를 했다간 당장 역모로 끌려갔을 걸세, 허허.

🎤 그런가요? 그 배후에는 성종의 장인인 한명회가 있었다고 하더군요.

그런 말들을 많이 하더라만, 어쨌든 최종 결정권자는 할마마마인 정희왕후시네. 어찌 감히 내가 왈가왈부할 수 있겠나? 왕위 계승권이 있는 사람이 거기에서 밀리면 정말 위태위태한 처지가 된다네. 아예 자격이 없던 사람보다 곤란해지는 거지.

🎤 하긴, 조금이라도 의심스러우면 역모로 몰렸을 테니 처신하기가 무척 조심스러웠겠어요.

정치에 관심을 안 둔 건 물론이고, 사소한 일로 책잡힐까 봐 매사에 조심했다네. 행여 구설수에 오를까 봐 부인과 친척들, 심지어 집안의 종까지도 엄하게 단속했지.

망원정
서울시 마포구 망원동 한강이 바라다 보이는 곳에 있다. 원래 효령대군 때 이름이 희우정(喜雨亭)이었다가 성종 때인 1484년에 월산대군이 망원정이라 이름을 고쳐 지었다.

🎤 그래서인지 세상의 여론은 무척 호의적이더군요. 품성이 온화하다고 칭찬하는 사람도 많고요.

내 처지에서는 그런 여론조차도 부담이었다네. 혹시 엉뚱한 모함에 휘말릴까 봐 사람들과 잘 어울리지도 않았어. 그저 자연을 벗 삼아 살면서 시나 읊조릴 수밖에. 말이 좋아 왕족이지 유폐 생활이나 다름없었지.

🎤 그래도 성종께서 마음을 많이 써 주셨다고 하던데요.

그 점은 고맙게 생각한다네. 생활에 부족함이 없도록 늘 살펴 주셨지. 수시로 잔치도 열어 주고, 글도 자주 내려 주셨어. 형제애는 돈독했다고 자부하네.

🎤 대군께서 몸을 낮추고 처신을 잘해서 그런 것 아닌가요? 어쨌든 덕분에 왕실은 평온했던 것 같네요.

내가 성심을 다해 노력한 이유가 바로 그 때문 아니겠나? 성종이 국정을 잘 수행해 조선의 기틀을 완성한 왕으로 평가받고 있으니 애쓴 보람은 있는 셈이지, 허허.

궁궐 백과

❁ 종친은 어떤 사람을 말할까?

임금과 촌수가 가까운 친족은 종친으로서 특별한 대우를 받았다. 대군의 자손은 4세손(증손자)까지, 왕자군의 자손은 3세손(손자)까지 종친으로 예우했다. 5세손부터 9세손까지는 종친에는 속하지 않지만 왕실의 후손으로서 여전히 우대를 받았다. 군역을 면제 받았고, 역모죄가 아니라면 웬만한 죄를 지어도 처벌받지 않는 특혜를 누렸다.

❁ 왜 종친은 정치에 참여할 수 없을까?

흥선대원군
어린 고종을 대신해 섭정을 실시하면서 왕 못지않은 권력을 휘둘렀다.

종친이 정치를 한다면 왕의 마음이 그쪽으로 기울 가능성이 높고, 종친의 권력이 커질 경우 붕당이 생기는 폐단이 있을 수 있었다. 게다가 조선은 건국 초기에 왕자의 난을 겪었기 때문에 왕자들이 야심을 품을 경우 왕위가 쉽게 바뀔 수 있다는 것을 잘 알고 있었다. 따라서 종친을 철저하게 권력에서 배제시켰고, 대신 신분상의 최고 혜택과 경제적 보상을 해 주었다. 종친의 범위에서 벗어나는 대군의 5세손과 왕자군의 4세손부터는 관직에 진출할 수 있었다.

종친을 관리 감독하는 관청, 종친부

종친부
관아 건물 중 일부가 남아 있으며, 서울 종로구 화동 정독 도서관 마당에 있다.

　　종친에 관한 일은 종친부라는 관아를 따로 두고 맡아보게 했다. 대군이나 왕자군의 일을 관리하는 관아로서 형식상으로는 의정부보다 높았지만 정치적 실권은 없었다. 담당하는 업무는 왕실에서 사용하는 옷감 봉진하기, 역대 왕의 영정 관리하기, 종친들의 사적을 기록한 《종친부등록》 편찬하기 등이었다. 종친이 소유한 토지를 관리하고 분쟁이 났을 때 해결하는 일도 종친부 관할이었다.

방대한 양으로 남은 조선 왕실 족보

　　왕실 족보를 흔히 《선원록》이라고 한다. 선원(璿源)은 아름다운 옥의 근원이라는 뜻으로, 왕실을 가리킨다. 조선 초기에는 《선원록》, 《종친록》, 《유부록》으로 나누어 작성하다가 숙종 대부터 통합해서 《선원계보기략》으로 편찬했다. 새로 태어나거나 사망한 사람들을 정확히 파악하기 위해 3년마다 수정해 펴내다 보니 분량이 엄청나다. 현재 전하는 것만도 1만 책이 넘는다.

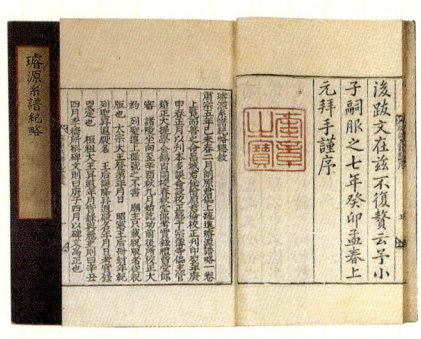

《선원계보기략》

승정원 관리는 아무나 못 해

매일 아침 광화문 앞 육조 거리는 각 관청에 출근하는 관리들로 붐볐다. 종을 앞세워 우렁차게 "물럿거라!"를 외치며 등장하는 가마 위의 고위 관리도, 혼자 생각에 잠긴 채 조용히 걸어오는 관리도 모두 바쁜 아침이었다. 승정원 주서 오달필도 그 틈에 끼어 출근을 서둘렀다.

육조거리는 이름 그대로 6조의 관청들이 들어서 있는 거리로, 의정부나 사간원 같은 주요 관청들도 함께 있었다. 이 관청들은 궁궐 밖에 있어 궐외각사라 했고, 승정원이나 홍문관처럼 궁궐 안에 있는 관청은 궐내각사라 했다.

궁궐로 출근하는 관리들은 저마다 일터에 따라 정문인 광화문은 물론 동문인 건춘문이나 서문인 영추문으로 드나들었다.

광화문은 누각을 받치고 있는 석축에 무지개문이 세 개 나 있는데, 가운데 문이 열리는 것은 일 년에 몇 번 되지 않았다. 왕이 거둥할 때나 중국 사신이 올 때만 열렸기 때문이다. 관리들은 양옆의 문으로 출입했는데, 동쪽으로는 문반들이, 서쪽으로는 무반들이 드나들었다. 오달필은 궐내각사와 가까운 영추문을 통해 출근했다.

영추문 안쪽에는 여느 때처럼 금천이 맑게 흐르고 있었다. 인왕산에서 시작된 금천 물줄기는 궁성 북쪽에 낸 수문으로 흘러 들어와 경복궁 서쪽 담장과 나란한 방향으로 흐르다가, 궐내각사를 끼고 돌며 서에서

동으로 방향을 바꿨다. 홍례문과 근정문 사이를 흐른 금천은 궁성 남쪽의 수문을 통해 다시 밖으로 흘러 나간 뒤 청계천으로 합류했다. 금천 너머 궐내각사들 뒤편으로는 경회루가 당당히 화려한 모습으로 서 있었다.

오달필이 금천을 건너는데, 홍 승지와 김 승지가 옥신각신하고 있는 모습이 눈에 들어왔다.

'두 분은 어제 입직(당직)이었을 텐데, 예서 뭘 하는 걸까?'

오달필은 궁금증이 일긴 했지만 감히 물어볼 수는 없어 공손히 인사를 하고 지나쳤다.

오달필이 들어선 곳은 승정원과 붙어 있는 당후 즉, 주서들이 일하는 곳이다. 오달필은 안으로 들어서자마자 가장 먼저 공좌부(출근부)에 도장을 찍었다.

승정원은 왕명 출납을 맡은 곳, 쉽게 말해 국왕의 비서실이었다. 각 관청에서 왕에게 올린 보고서, 지방관이 보낸 보고서, 각지에서 올라온 상소문 등을 검토해 왕에게 보고하는 것이 승정원의 업무였고, 그에 대한 왕의 답이나 결정 사항, 각종 어명을 내려 보내는 것도 승정원을 통해 이루어졌다.

승정원의 핵심 구성원은 승지들로, 책임자인 도승지부터 가장 직급이 낮은 동부승지까지 모두 당상관일 만큼 품계가 높은 곳이었다. 오달필이 출근길에 만난 김 승지는 우부승지, 홍 승지는 좌부승지였다.

> **당상관**
>
> 정3품 이상의 관리는 조정 회의에서 당상(왕이 있는 대청마루)에 앉는다 해서 당상관이라고 했다. 당상에 앉는다는 것은 국가 정책을 결정하는 중요한 자리에 있다는 뜻이기도 하다. 당상관에게는 왕이 '경'이라는 호칭을 사용했다.

　　승지들은 6조의 업무를 하나씩 맡는 동시에 춘추관, 수찬관●이나 홍문관, 직제학● 같은 다른 직책도 겸했는데, 왕을 보필하기 위해서는 각종 업무를 잘 파악하고 있어야 했기 때문이었다.

　　승지와 함께 승정원 업무를 처리하는 또 다른 관리가 바로 오달필 같은 주서였다. 오달필이 하는 일은 승정원에서 처리하는 각종 문서들을 정리하는 것이다. 서류로 시작해서 서류로 끝나는 것이 승정원 업무이고 보면, 주서는 중추적인 업무를 맡은 관리였다. 승정원에서는 문서를 필사하는 일도 많았는데, 보통 이런 단순 업무는 서리들에게 시켰다.

　　잠시 후 승지들이 승정원으로 들어오기 시작했다. 가장 직급이 낮은 동부승지를 시작으로 직급이 높은 도승지가 가장 나중에 나타났다. 승지들은 회의로 하루 일과를 시작했다.

　　"홍 승지가 아침에 근무지를 이탈하려 했다던데……."

　　도승지가 홍 승지 이야기를 먼저 꺼냈다. 그러자 홍 승지는 민망한 듯 도승지의 시선을 피했다. 홍 승지는 궐을 빠져나가기 전에 김 승지 눈에 띄어 저지당했는데, 좀 전에 두 사람이 실랑이를 했던 것은 바로 이 일 때문이었다.

● **수찬관** : 춘추관에서 시정(時政)을 기록하는 일을 맡아보던 정3품 벼슬.
● **직제학** : 예문관과 홍문관에서 문서를 점검하고 기록하던 정3품 벼슬.

"쯧쯧, 지난번에는 입직 중에 술을 마시다가 들키더니 이번에는 근무지 이탈인가? 대체 어쩌려고 그러는가?"

좌승지가 거들고 나서며 홍 승지를 따끔하게 야단쳤다. 다른 승지들의 힐난이 이어지자 홍 승지는 연신 머리를 긁적였다.

"이번에는 금천을 건너기 전에 돌아왔으니 그냥 넘어가겠네만, 다시는 이런 일이 없도록 하게."

도승지가 단단히 못을 박는데 좌부승지 김영직이 입을 열었다.

"이번 최 내시 일에 대해서는 왕명을 작환하는 것이 옳을 것 같은데, 어떻게들 생각하십니까?"

작환이란 임금이 지시한 일에 대해 받들어 행할 수 없다며 되돌려 보내는 것을 말한다. 어명을 지상 명령으로 받드는 관리들이지만 그것이 부당하다고 생각할 때에는 거부도 불사했던 것이다.

내시부 최 내관이 얼마 전 내탕고의 물품을 몰래 빼돌리다 발각되어 강진으로 유배를 갔는데, 왕이 풀어 주라는 명을 내리자 김 승지가 부당하다며 다른 승지들에게 의견을 묻는 것이었다.

"크나큰 죄를 범한 자인데 유배 보내자마자 풀어 주라니 온당치 않습니다."

"맞습니다. 그런 죄인을 이리 쉽게 용서하신다면 주상을 능멸하는 자가 또 나타날 것입니다."

"주상께서 최 내관과의 인간적인 정과 도리를 생각해 용서하시려는 마음을 모르는 바 아니나, 국법을 어긴 죄인을 다스리는 데 사사로운 정을 생각하면 아니 될 것입니다. 전하를 올바르게 보필하는 것이 저희들의 소임 아닙니까."

승지들의 이구동성에 도승지가 고개를 끄덕거렸다.

"모두의 뜻이 그러하니 이번 건에 대해서는 작환을 말씀드리겠네. 아, 그리고 어제 평안감사 임기를 마치고 돌아온 조 대감을 만났는데, 조보의 글씨를 너무 흘려 써서 알아볼 수 없었다고 나무라셨네. 물론 한꺼번에 많은 양을 베끼려니 힘든 것은 알겠지만, 그 내용을 알아볼 수 없으면

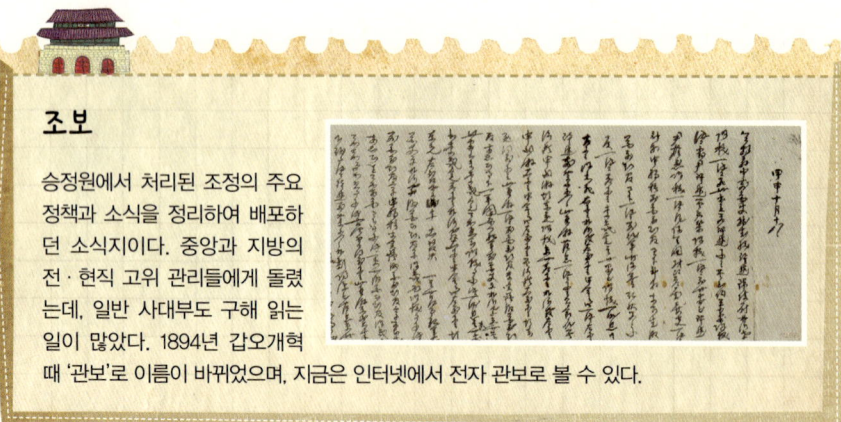

조보

승정원에서 처리된 조정의 주요 정책과 소식을 정리하여 배포하던 소식지이다. 중앙과 지방의 전·현직 고위 관리들에게 돌렸는데, 일반 사대부도 구해 읽는 일이 많았다. 1894년 갑오개혁 때 '관보'로 이름이 바뀌었으며, 지금은 인터넷에서 전자 관보로 볼 수 있다.

조보를 보는 의미가 없지 않겠나. 다시는 그런 일이 없도록 서리들에게 따끔하게 주의를 주게."

승정원에는 역시나 오늘도 문서가 가득 쌓여 있었다. 지방관들이 보낸 보고서를 보니 부임지에 도착하여 업무를 시작했다는 내용도 있고, 지난여름 구풍(태풍)에 무너진 제방을 보수하느라 백성들 고생이 막심하니 당분간 지역의 세금을 줄여 달라는 내용도 있었다. 한성부에서는 보름 전 발생한 시전 상인 살해 사건의 범인을 잡았는데, 그 죄가 극악무도하니 사형에 처해야 한다는 보고를 올렸다. 승지들은 이 문서들을 왕이 보기 쉽도록 정리했다.

"휴, 오늘 올라온 상소들은 어째 하나같이 긴 것뿐이구먼. 이 상소는

이름을 적은 사람이 백 명 가까이 되네. 옮겨 적는 것만 해도 시간이 꽤 걸리겠는걸."

김 승지가 길게 말린 상소를 펼치며 중얼거렸다.

승정원에서는 왕에게 올라온 상소들을 모두 필사해서 보관하였다. 상소문을 옮겨 적을 때는 글자 하나라도 바꿔서는 안 되었고, 여러 명이 함께 올린 상소는 한 명도 빠짐없이 이름을 일일이 다 적었다. 승정원에서 일하는 서리가 많은 건 다 이런 업무 때문이었다.

문서들을 정리하던 오달필이 편전에 가는 홍 승지를 따라 나섰다. 왕이 신하들을 만날 때는 승지가 함께 참석했는데, 주서 역시 늘 자리를 지켰다. 왕과 신하들 간에 벌어지는 모든 일을 기록하기 위해서였다. 어떤 사안에 대해 이야기했는지, 누가 어떤 의견을 내놓았는지, 처리 결과는 어떠한지 등등을 상세히 기록한 것이다. 사관이 하는 일과 거의 같았는데, 그래서 주서는 겸사관으로 인정받았다.

오 주서와 사관은 왕과 신하들이 주고받는 이야기를 빠르게 받아 적었다. 말로 하는 내용을 한문으로 적는 것이라 단순한 속기가 아니라 동시

통역이나 마찬가지였다.

　바쁘게 붓을 움직이던 오 주서가 한 번씩 멈칫거렸다.

　'이건 어느 글자로 적어야 하지?'

　가끔은 적절한 글자를 고르는 데 어려움을 겪기도 했다. 일이 이렇다 보니 주서는 글씨가 빠른 것은 물론 문장 능력도 뛰어나야 했다. 그래서 주서는 문과 급제자 중에서만 임용했고, 정7품이라 벼슬은 높다고 할 수 없지만 자부심은 꽤 높았다.

　"세상인심이 어찌 이리 야박하단 말인가!"

　왕의 목소리가 노기를 띠었다. 감히 왕의 얼굴을 볼 수는 없었지만 무척 화가 난 것이 분명했다. 오 주서는 늘 왕 옆에서 일을 하면서도 왕의 얼굴을 제대로 알지 못했다. 신하들은 왕 앞에 바짝 엎드려 있을 뿐 감히 그 모습을 쳐다볼 수 없었기 때문이다. 왕의 곤룡포를 힐긋거렸다는 이유로 처벌받은 사람이 있을 정도였다.

　왕이 화를 낸 것은 이복누이인 정희 옹주가 얼마 전 집을 수리했는데, 지나치게 화려하게 일을 벌였다며 그 일을 담당했던 허 내관을 벌주라고 사간원에서 탄핵했기 때문이다.

　"말이 수리지 새로 짓는 것이나 마찬가지였다고 합니다. 이것은 모두 허 내관이 윗사람들의 비위를 맞추기 위해 그런 것입니다. 청컨대 엄하게 처벌하셔서 다시는 이런 폐단이 없도록 하시옵소서!"

왕의 불쾌한 기색에도 불구하고 사간원 헌납은 뜻을 굽히지 않았고, 다른 신하들까지 헌납의 말에 동조했다. 왕은 인정상 처벌할 수 없다며 감정으로 호소하기도 하고, 이런 것 하나 왕 마음대로 할 수 없느냐며 화를 내기도 했다. 그때마다 신하들은 "아니 되옵니다!"와 "망극하옵니다!"만 외칠 뿐 끝까지 뜻을 굽히지 않았다. 이 문제는 왕과 신하들 사이에 언짢은 말만 오가고 결론을 내리진 못했다.

오 주서는 임금의 석강까지 다 끝나고 나서야 비로소 자리로 돌아올 수 있었다. 하지만 아직 일이 끝난 건 아니었고, 하루 종일 기록한 내용을 정리해 승정원일기를 작성해야 했다.

사간원

왕의 잘못이나 그릇된 정치를 지적하고, 관리들의 비리를 밝혀내던 곳. 대사간, 사간, 헌납, 정언 등의 사간원 관리는 4대에 걸쳐 죄인이 없는 집안 출신에 성품이 강직하고 올곧은 사람으로 임명했다.

미원계회도

중종 35년(1540) 이황을 비롯한 전·현직 사간원 관리들의 모임을 그린 그림이다. 미원은 사간원의 다른 이름이다.

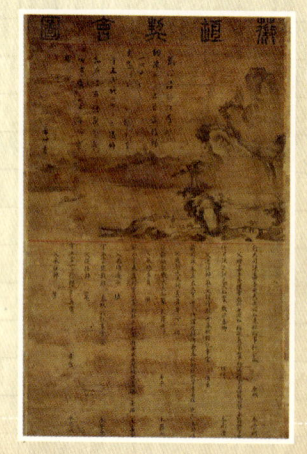

승정원일기에는 그날그날 처리한 업무들에 대해 상세하게 기록했다. 각 부서에서 보고한 내용이나 상소문 등을 베껴 쓰는 일이야 서리들이 한다지만, 조정에서 일어난 일을 꼼꼼하게 정리하다 보면 저녁 늦게까지 일을 하는 날이 많았다.

"오늘은 끝나고 술 한잔 할 수 있으려나?"

궁궐에는 어느새 먹물처럼 짙은 어둠이 내려앉고 있었다.

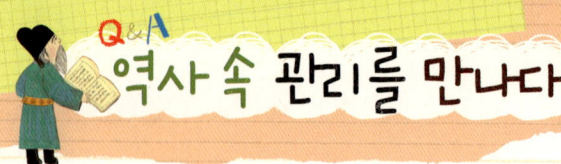

Q&A 역사 속 관리를 만나다

역사 속 인물을 모시고 궁궐 이야기를 들어 보는 자리를 마련했습니다. 관리 중에서는 선조 때 승지를 비롯한 여러 벼슬을 두루 역임했고, 십여 년간 꼼꼼히 일기를 써서 남긴 《미암일기》의 유희춘을 만나 볼까요.

📍 **무슨 글 읽기에 그렇게 흐뭇한 표정으로 보고 계신가요?**

우리 부인이 쓴 시라네. 한번 들어 보게. "국화잎에 눈발이 날린다 해도, 은대에는 따스한 방이 있으리. 추운 집서 따스한 술을 받들어, 고맙게도 뱃속을 채웠답니다."

📍 **은대는 승정원을 가리키는 말 아닌가요? 그런데 부인의 시에 왜 승정원이 등장하나요?**

내가 승지로 있을 때 엿새나 집에 못 들어간 적이 있거든. 그때 술이 생겨서 한 동이 보내 줬더니 잘 마셨다며 보낸 시라네.

📍 **엿새나 집에 못 들어갔다고요?**

허허, 뭘 그리 놀라나? 승지로 있다 보면 입직을 자주 한다네. 승지가 여섯인데 둘씩 입직을 서니 얼마나 자주 차례가 오겠나? 게다가 처음 임명되었을 때는 열흘 넘게 연거푸 입직을 서기도 하지.

📍 **무척 힘들 것 같은데, 그런 자리는 꺼리게 되지 않나요?**

무슨 소리? 전하를 가장 가까이서 모시는 자리 아닌가. 입직을 서는 것도 언제든 부름에 응하기 위해서이고 말이야. 주상께서 아무나 곁에 두고 쓰시겠나? 그만큼 학식과 능력을 인정받았다는 것이고, 중용될 가능성도 높은 거지. 황희, 성삼문, 신숙주, 유성룡, 이이…… 이런 이름난 분들이 다 승지 출신이란 말이지.

📍 **그렇다면 줄곧 순탄하게 관직 생활을 하셨나요?**

휴~, 그건 또 아니야. 벼슬에 나간 지 얼마 안 돼 을사사화에 연루돼 20년이나 유배 생활을 했었네. 명종 때는 내 유배지에 있다가 선조 임금 즉위할 때 사면되어 줄곧 관직에 있었지.

🖊 유배 생활을 꽤 길게 하셨는데, 다시 관직에 나갈 수 있을 거라 생각하셨나요?

벼슬살이란 게 말이야, 정치 상황에 따라 처지가 뒤바뀌곤 하거든. 삭탈관직이나 파직을 당한다고 해서 그대로 끝나는 건 아니고, 언제든 복권될 수 있고 또 인사이동도 잦았지.

🖊 그렇군요. 승지 외에 또 어떤 관직을 거치셨나요?

직강·응교·교리 등을 거쳐 지제교를 겸임했고, 장령·집의·사인 등을 역임한 후 좌부승지·동부승지·우부승지를 거쳐 전한·대사성·부제학·전라도관찰사 등을 지냈네. 선조 8년(1575)에 예조 참판과 공조 참판, 이조 참판을 지내다가 사직한 후 낙향했지.

🖊 어휴, 벼슬 이름을 들어도 뭐가 뭔지 모르겠네요. 그래도 승지나 참판 같은 벼슬 이름을 보니 중앙에 주로 계셨던 것 같네요. 그럼, 집도 한양에 있었나요?

한양에 거처를 마련하긴 했지만, 집은 담양이었어. 내 고향은 해남이지만 장가 든 후에는 줄곧 담양에 있는 처가에서 살았지. 그런데 유배 생활도 그렇고 한양에서 관직 생활을 했으니 늘 집을 떠나 있었던 셈이야. 그래서 집안 문제는 부인이 책임지고 꾸렸다네. 내가 그 공을 잘 알고 늘 고마워하고 있다네.

미암 일기

《미암 일기》는 유희춘이 55세 되던 1567년 10월 1일부터 세상을 떠나던 1577년 5월 13일까지 약 11년에 걸쳐 쓴 일기다. 원래는 14책이었으나 현재 11책만이 전하고 있다. 이중 10책은 그의 일기이고, 나머지 1책은 자신과 부인 송씨의 시문(詩文)을 모은 부록이다.

궁궐 백과

궐내각사와 궐외각사에서 일한 사람들

육조 거리 풍경

나랏일을 보는 관청은 궐 안과 밖에 나뉘어 있었다. 국정 전반을 다루는 부서들은 궐 밖에 두어 궐외각사라 했다. 광화문 앞으로 동쪽에는 차례로 의정부, 이조, 한성부, 호조, 기로소, 포도청이 자리했고, 서쪽으로 예조, 중추부, 사헌부, 병조, 형조, 공조, 장예원 등이 있었다. 왕과 직접 관련 있는 부서들은 궐 안에 두어 궐내각사라 했다. 왕의 비서실인 승정원, 외교 문서를 작성하는 예문관, 경연을 담당한 홍문관처럼 정치·행정에 관계된 곳도 있었고, 오위도총부·내병조·선전관청처럼 궁궐 수비를 책임진 곳도 있었다. 상서원, 사옹원, 내의원, 내사복 등은 왕실의 일상생활을 지원하는 부서였다.

관리들은 언제 일하고 언제 쉬었을까?

근무 시간은 계절에 따라 탄력적으로 조정했다. 여름에는 묘시(아침 5~7시)에서 유시(오후 5~7시)까지, 겨울에는 진시(아침 7~9시)에서 신시(오후 3~5시)까지 근무했다. 매월 1일, 8일, 15일, 23일이 휴일이었고 설날, 정월대보름, 단오, 추석 같은 명절에도 쉬었다. 집안에 경조사가 있으면 따로 휴가를 받았고, 부모를 뵈러 가거나 제사, 성묘 등을 위한 휴가도 주었다.

❀ 매일매일 써 내려간 업무 일지, 승정원일기

　승정원에서는 매일 업무 내용을 기록했다. 이 일기는 월 단위로 묶어 보관해 놓고 필요할 때마다 열어 보았다. 때로는 같은 날짜에 두 일기를 작성하기도 했다. 왕이 장기간 도성을 떠나 있을 경우 대궐과 왕이 있는 행궁에서 각각 작성했고, 세자가 대리청정을 할 때에도 국왕의 일기와 세자의 일기를 따로 작성했다.

　승정원일기 중 조선 전기의 것들은 임진왜란 때 불타 없어졌고, 인조가 즉위한 1623년부터 마지막 임금인 순종이 물러나는 1910년까지의 기록이 남아 있다. 햇수로는 288년이고 날수는 10만 5천 일이 넘는 분량으로 2,243책에 이른다.

❀ 승정원일기에는 어떤 내용이 적혀 있을까?

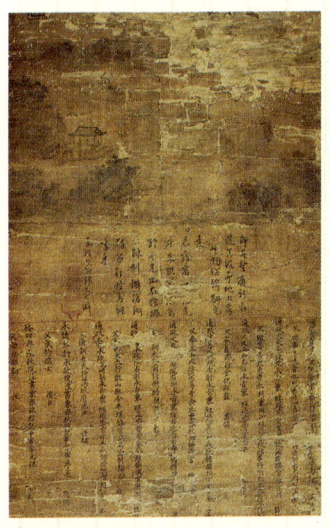

은대계회도
조선 중기의 문신 농암 이현보가 동부승지로 있을 때 승정원 관리 10명이 모여 작성한 계회도이다.

　승정원일기는 날짜와 날씨로 시작되는데, 날씨를 무척 상세하게 기록했다. 하루에 비가 여러 번 오면 시간대별로 강우량을 측정해 적어 놓았다. 그 다음 승지 명단과 일기를 작성한 주서 이름을 적고, 왕·왕비·대비·왕세자의 건강에 대한 내용도 빠트리지 않았다. 그 후 임금의 하루 일과를 장소와 시간대별로 기록하면서 업무 내용을 꼼꼼히 기록했다. 임금에게 보고한 내용과 그에 대한 처리 사항이 주를 이루는데, 왕이 어떤 신하들을 만났는지 세세히 기록했고, 왕에게 올라온 상소 내용도 모두 베껴서 보관했다.

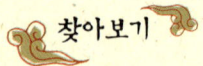 찾아보기

ㄱ

가례도감 82, 87
간택 54, 74, 82, 84, 86
강경패 64
강녕전 15
《경국대전》 100, 111
경연 14, 15
계유정난 98
교명문 73
교태전 30
국의 35, 41
궁주 130
궁체 115
궐내각사 146, 160
궐외각사 146, 160
금천 147
금혼령 74, 77
기미보다 15
기미상궁 33

ㄴ

나인 117
내명부 31
내반원 101
내수사 104
내탕고 100, 151

ㄷ

당상관 150
당후 148
대리청정 71
대성전 67, 68

대제학 68
《대학연의》 15, 22
동궁 72

ㅁ

망원정 143
매화틀 27
명륜당 68
《미암일기》 159
미원계회도 156

ㅂ

배동 61
법강 63
법궁 134
별궁 83, 84
본방나인 33
비자 48, 102
비현각 72
빈청 90

##

사간원 20, 155, 156
사관 12, 22, 154
사정전 14
사헌부 91
산실청 123
상선 97, 100
상소 20, 119, 154
생과방 101, 116
서사상궁 114
서연관 58, 63, 72

《선원계보기략》 145
《선원록》 137, 145
선농단 17
선잠단 36
설리 89
세답방 111, 116
세수간 116
소주방 116
수라 15, 27, 116
수렴청정 40
수방 106, 116
승은 후궁 45, 56
승전색 50, 91
승정원일기 156, 161
승지 20, 22, 148
시강원 65
시릉내시 98
신기전 70

ㅇ

《양세계보》 95
《오위진법》 70
온양별궁전도 19
외명부 31
운종가 136
원자 46, 72
육상궁 57
육조 21
육조 거리 146, 160
은대 158
은대계회도 161
의궤 87
이궁 134
익위사 60, 67, 72
입직 158, 160

자격루 25
자선당 60
작서의 변 55
작환 151
적의 41
정업원 57
조보 152
조회 12
종묘 34
종친부 78, 137, 145
종학 141
주서 150
죽책문 73
중종반정 38, 99
지밀 45, 116, 117

채상단 36
책봉 73, 87
처녀단자 74, 86
측우기 71
치마바위 39
친경례 17, 37
친잠례 14, 35, 37, 41
칠궁 57
침방 106, 116

퇴선간 116
《한중록》 84
행궁 19, 161
현주 130

환관 101, 135
회강 63

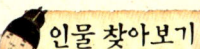

경빈 박씨 54
경혜 공주 128, 130
공혜왕후 56
김처선 98
단경왕후 38, 54
단종 98, 128, 129
명종 40
문정왕후 40
문종 70, 128
문효세자 73
복성군 55
사도세자 84, 85
성종 40, 115, 129, 143
세조 98, 114
세종 24, 70
소헌왕후 38
수빈 박씨 56
수양대군(세조) 129
숙종 40
순빈 봉씨 128
순정효황후 117
순조 40
신빈 김씨 112
안향 101
양녕대군 24
연산군 38, 54, 98, 115
영조 99
예종 26, 129, 142
월산대군 142
유희춘 158

의경세자 40
인수대비 40, 115
인현왕후 56
자산군(성종) 26, 40
장경왕후 55
장희빈 56
정조 85
정현왕후 54
정희왕후 26, 40, 142
제안대군 26, 142
제헌왕후 41
조두대 114
중종 39, 54
태종 38
한명회 142
해양대군(예종) 142
혜경궁 홍씨 84
흥선대원군 144

사진과 그림 제공 및 출처

6-7 경복궁 배치도(전성영)
14-15 사정전(전성영) / 강녕전(전성영)
16-17 선농단(전성영)
18-19 온양별궁전도(규장각 한국학연구원)
24-25 자격루(국립고궁박물관)
26-27 세종 즉위식 재현(연합뉴스) / 수라상 재현(연합뉴스) / 매화틀(국립고궁박물관)
30-31 교태전(전성영)
36-37 선잠단(전성영)
38-39 인왕산 치마바위(전성영)
40-41 무신년진찬도병(국립중앙박물관) / 친잠례(한국잠사박물관) / 영친왕비 적의(국립고궁박물관)
54-55 경빈 박씨 무덤(전성영)
56-57 수빈 박씨 책봉 교명(국립중앙박물관) / 칠궁(뉴스뱅크) / 정업원 터(전성영)
60-61 경복궁 자선당(전성영)
64-65 강경패(고려대학교 박물관)
68-69 성균관 명륜당(전성영)
70-71 신기전(육군박물관) / 측우기(웅진씽크빅)
72-73 경복궁 비현각(전성영) / 문효세자 책봉의례도(서울대학교 박물관) / 왕세자 입학도(고려대학교 도서관)
84-85 봉수당진찬도(국립중앙박물관)
86-87 간택단자(한국학중앙연구원 장서각) / 반차도(규장각 한국학연구원) / 안국동 별궁(전성영)

90-91 창덕궁 빈청(전성영)
94-95 《양세계보》(국립중앙박물관)
98-99 덕고개(전성영)
100-101 내탕고(전성영) / 안향 영정(시몽포토에이전시) / 경복궁 배치도(전성영)
112-113 신빈 김씨 무덤(전성영) / 창덕궁 요금문(전성영)
114-115 《낙성비룡》(한국학중앙연구원 장서각)
116-117 대조전 수라간(전성영) / 순정효 황후와 궁녀들(규장각 한국학연구원) / 반차도 속의 상궁(규장각 한국학연구원)
126-127 창녕위궁 재사(전성영)
128-129 충민사(전성영)
130-131 화순 옹주 녹원삼(고려대학교 박물관) / 남양주시 궁집(전성영)
134-135 경복궁 근정전(전성영)
136-137 운종가(출처 미상)
142-143 망원정(전성영)
144-145 흥선대원군(출처 미상) / 종친부(전성영) / 《선원계보기략》(국립고궁박물관)
152-153 조보(국립중앙박물관)
156-157 미원계회도(국립중앙박물관)
158-159 《미암일기》(선산 유씨 문절공종회 소장/ 사진제공 - 문화재청)
160-161 육조 거리 풍경(출처 미상) / 은대계회도(개인 소장)

* 이 책에 쓴 사진은 해당 사진을 보유하고 있는 단체와 저작권자의 허락을 받아 게재한 것입니다. 사진을 제공해 주셔서 고맙습니다.

* 저작권자를 찾지 못하여 게재 허락을 받지 못한 사진은 저작권자를 확인하는 대로 게재 허락을 받고, 통상 기준에 따라 사용료를 지불하겠습니다.